21 世纪全国高职高专计算机案例型规划教材

办公自动化案例教程

主 编 郭永刚
副主编 侯佳路 韩 洁
参 编 于晓荷 胡晓凤 刘亚琦 张 鑫

内 容 简 介

本书是教育部"职业教育法律文秘专业教学资源库"中子项目"办公自动化"课程资源库的配套教材。编者在编写本书时充分考虑了该门课程的综合性、时效性和实用性，从解决实际办公需求出发选取教学案例，覆盖了从计算机应用基础到进阶办公高级应用；内容包括计算机日常管理维护、Word 图文处理、Excel 电子表格、PPT 演示文稿、Photoshop 图像处理和网络应用。

本书可以用作高职院校办公自动化课程的教材，也可以作为社会学习者解决办公软件使用问题的学习参考书。

图书在版编目(CIP)数据

办公自动化案例教程 / 郭永刚主编. —北京：北京大学出版社，2017.4
（21世纪全国高职高专计算机案例型规划教材）
ISBN 978-7-301-28241-0

Ⅰ.①办… Ⅱ.①郭… Ⅲ.①办公自动化—高等职业教育—教材 Ⅳ.① C931.4

中国版本图书馆 CIP 数据核字(2017) 第 075278 号

书　　名	办公自动化案例教程 BANGONG ZIDONGHUA ANLI JIAOCHENG
著作责任者	郭永刚　主编
策划编辑	李彦红
责任编辑	李瑞芳
标准书号	ISBN 978-7-301-28241-0
出版发行	北京大学出版社
地　　址	北京市海淀区成府路 205 号　100871
网　　址	http://www.pup.cn　新浪微博：@ 北京大学出版社
电子信箱	pup_6@163.com
电　　话	邮购部 62752015　发行部 62750672　编辑部 62750667
印刷者	北京大学印刷厂
经销者	新华书店
	787 毫米 × 1092 毫米　16 开本　10.5 印张　243 千字 2017 年 4 月第 1 版　2019 年 6 月第 2 次印刷
定　　价	49.00 元

未经许可，不得以任何方式复制或抄袭本书之部分或全部内容。
版权所有，侵权必究
举报电话：010-62752024　电子信箱：fd@pup.pku.edu.cn
图书如有印装质量问题，请与出版部联系，电话：010-62756370

前　言

"办公自动化"是教育部"职业教育法律文秘专业教学资源库"建设的一门课程，教学资源库要求按照知识点进行知识的组织。我们在制作资源时发现，市面已有的同类教材大多是按照软件菜单组织内容的，不符合教学改革的方向；但是，按照项目组织的教材，知识又不够系统。因此，我们就希望编写一本按照知识体系组织并且又是任务驱动的教材。

我国高等职业教育发展迅猛，职业教育的教学改革也日新月异，任务驱动、项目式教学以及教、学、做一体化的教学模式日益得到师生们的青睐。本书作者都来自教学一线，从事该课程的教学多年，有着丰富的教学经验，本书是在不断总结提炼教学改革成果的基础上写作而成。

本书的特点如下：

（1）本书中每小节结构模式为"任务描述→相关知识→任务实施"，部分章节增加了"拓展"环节，以便读者更进一步了解工作中可能遇到的问题及解决方法，使教材更加实用。

（2）所有知识点的学习均为任务驱动模式，以完成任务为线索，而不是软件的使用；以学习如何工作为目的，而不是单纯学习某一软件的操作，让读者在完成具体任务的过程中构建相关的理论知识，增强职业能力。

（3）任务选取时，主要以秘书职业为目标岗位，在充分调研日常办公需求的基础上，精心选取工作任务，每一项任务都代表了一个方面的典型应用，以便让读者能触类旁通。

（4）全部采用较新的主流软件版本，如采用 Office 2013、Photoshop CC 2015.5 等。

（5）全部章节配有精心制作的 PPT 和教学视频，登录网站 flwm.bcpl.cn，注册成为用户，注册时，职业选择为"社会学习者"，注册成功后在网站首搜索课程"办公自动化案例教程"，即可下载素材和在线学习。

本书由北京政法职业学院教师郭永刚担任主编，侯佳路、韩洁担任副主编。其中，第 1 章由刘亚琦编写，第 2 章由侯佳路编写，第 3 章由韩洁编写，第 4 章由于晓荷编写，第 5 章由郭永刚、张鑫编写，第 6 章由胡晓凤编写。全书由郭永刚统稿。本书在编写的过程中参考了大量的相关资料，吸取了许多同仁的宝贵经验，部分资料图片来自互联网，仅教学使用，不用于商业目的，在此对原图作者深表谢意。

由于作者水平有限，书中难免存在不妥和疏漏之处，恳请广大读者批评指正，以使本书得以改进和完善。

编　者
2016 年 10 月

目 录

第 1 章 计算机的日常管理与维护 1
1.1 Windows操作系统的管理 1
1.1.1 优化系统启动项 1
1.1.2 定期更新系统 2
1.1.3 运行维护任务 3
1.1.4 优化电源使用 4
1.1.5 系统性能监测 5
1.1.6 病毒和恶意程序检查 7
1.2 硬件性能检测与日常维护 9
1.2.1 检查计算机性能 9
1.2.2 硬件的日常维护 10

第 2 章 Word 图文处理 12
2.1 图文排版 12
2.1.1 页面设置 13
2.1.2 字体及段落的格式设置 14
2.1.3 文字的分栏设置 16
2.1.4 对象的插入与设置 17
2.1.5 页眉和页脚的设置 21
2.2 表格制作 24
2.2.1 表格的创建 24
2.2.2 表格结构的调整 25
2.2.3 表格内容的录入与排版 27
2.2.4 表格外观的美化 29
2.3 毕业论文排版 30
2.3.1 样式实现快速排版 30
2.3.2 脚注和尾注的添加 35
2.3.3 文档分节设置 37
2.3.4 自动生成目录 39
2.4 邮件合并 40
2.4.1 准备主文档和数据源 41
2.4.2 在主文档中链接数据源 42
2.4.3 在主文档中插入合并域 44
2.4.4 在主文档中插入规则 44
2.4.5 合并记录 45

第 3 章 Excel 数据表格 46
3.1 表格的基本操作与格式设置 46
3.1.1 表格的制作与格式设置 47
3.1.2 数据的输入与填充 48
3.2 数据处理与分析 51
3.2.1 数据排序 51
3.2.2 数据筛选 53
3.2.3 分类汇总 56
3.2.4 合并计算 58
3.3 公式与函数的使用 60
3.3.1 初识函数 60
3.3.2 单元格的引用方式 61
3.3.3 常用函数的使用 63
3.3.4 时间日期函数和文本函数的使用 66
3.3.5 查询函数 70
3.4 图表与数据透视表 72
3.4.1 图表与迷你图的创建 72
3.4.2 图表的编辑 73
3.4.3 动态图表的制作 76
3.4.4 数据透视表的创建 78
3.4.5 数据透视图的创建 82
3.5 数据工具的使用 83
3.5.1 数据验证 83
3.5.2 删除重复项 85
3.5.3 数据的分列 87

第 4 章　PowerPoint 演示文稿 90

4.1　PPT信息化元素的添加与编辑 90
- 4.1.1　形状的添加与编辑 90
- 4.1.2　SmartArt的添加与编辑 93
- 4.1.3　图片的添加与编辑 95
- 4.1.4　声音和视频的添加与编辑 96

4.2　PPT的基本设计 98
- 4.2.1　PPT版式的设计 98
- 4.2.2　PPT文字的设计 101
- 4.2.3　PPT外观的设计 104

4.3　PPT的动画 106
- 4.3.1　一般动画的制作 106
- 4.3.2　页面切换动画的制作 108
- 4.3.3　信息化对象动画的制作 108

4.4　PPT的演示与转换 111
- 4.4.1　PPT的演示 111
- 4.4.2　PPT与其他文件的转换 111

第 5 章　Photoshop 图像处理 113

5.1　图像处理的基本技术 113
- 5.1.1　Photoshop初识 113
- 5.1.2　图像压缩 116
- 5.1.3　图像裁剪 118
- 5.1.4　仿制图章工具 121
- 5.1.5　污点修复画笔工具 123

5.2　图层与蒙版 124
- 5.2.1　图层 124
- 5.2.2　图层蒙版 127
- 5.2.3　图层自由变换 129

5.3　影调与色彩调整 131
- 5.3.1　三原色 131
- 5.3.2　看懂直方图 132
- 5.3.3　色彩三要素 134
- 5.3.4　曲线调整 135
- 5.3.5　Camera Raw影调调整 137
- 5.3.6　白平衡校正 141

5.4　证件照的修饰 143
- 5.4.1　去除眼袋 143
- 5.4.2　磨皮 144
- 5.4.3　面部塑型 146
- 5.4.4　证件照拼版 147
- 5.4.5　更换背景色 148

第 6 章　网络应用与信息检索 151

6.1　搭建无线局域网 151
- 6.1.1　连接无线路由器 151
- 6.1.2　登录无线路由器 152
- 6.1.3　通过无线路由器实现无线上网 154

6.2　网络信息检索 154
- 6.2.1　百度基本搜索 155
- 6.2.2　百度高级搜索技巧 156

6.3　使用Outlook收发电子邮件 158
- 6.3.1　Outlook的配置 158
- 6.3.2　接收邮件 159
- 6.3.3　发送邮件 160
- 6.3.4　创建和使用通讯簿 161

第 1 章 计算机的日常管理与维护

1.1　Windows 操作系统的管理

Windows 7 操作系统（简称 Win 7 系统）是微软公司在对 Windows XP 系统停止更新后市场覆盖率最高的操作系统。Win 7 系统为用户提供了一个友好易用的操作平台，也让用户更容易学习和使用。在使用计算机的过程中，需要定期的管理维护来保证系统的可用性、易用性和安全性。

1.1.1　优化系统启动项

任务描述

用户在使用计算机的过程中不断安装各种应用程序，而其中的一些程序会默认加入系统启动项中，开机时随操作系统一起启动，如一些播放器程序、聊天软件等。这些软件对于用户来说可能不是开机后需要立即使用的，随操作系统启动会造成开机缓慢，且占用系统资源（CPU、内存等），导致系统越用越慢，优化系统启动项可以加快计算机的开机速度。

相关知识

优化系统启动项可以借助一些第三方的系统优化工具来实现，但利用系统自带的程序也可以做到。msconfig 是 Microsoft System Configuration 的缩写，即系统配置实用程序，可以用来管理系统启动项，帮助计算机禁止不需要运行的程序，加快计算机运行。

任务实施

（1）在【开始】菜单的搜索栏中输入"msconfig"，然后按 Enter 键，打开【系统配置】对话框。

（2）选择【启动】选项卡，从这里取消选中一些不必要的启动项目，如图 1.1 所示，从而加快系统启动速度。如果不了解某些程序的作用，可以百度搜索。

（3）单击【确定】按钮，配置会在下次开机启动时生效。

图 1.1　优化系统启动项

1.1.2　定期更新系统

任务描述

对 Windows 操作系统及时更新，也就是给系统打补丁，可以解决操作系统的漏洞问题，从而提高系统的安全性。

相关知识

盗版系统虽然便宜，但却存在诸多安全隐患，如可能被植入木马病毒、流氓软件，甚至可能泄露用户信息；而正版 Windows 操作系统则具有更多的安全保障，不仅系统安全可靠，而且支持系统更新，用户可以第一时间获得并下载系统更新，及时安装系统补丁，免费使用微软安全软件 Microsoft Security Essentials，加强系统安全防护。

任务实施

（1）选择【开始】|【控制面板】|【Windows Update】命令，打开【Windows Update】窗口，如图 1.2 所示。

（2）单击【检查更新】按钮。

（3）如图 1.3 所示，单击【安装更新】按钮，系统下载更新补丁，并自动安装。

（4）有时系统中 Windows 更新功能可能会因为某些原因或错误而不能正常使用，这时，用户可以选择【疑难解答】|【系统和安全性】|【使用 Windows Update 解决问题】命令来解决这类问题。

第 1 章　计算机的日常管理与维护

图 1.2　检查更新界面

图 1.3　安装更新界面

1.1.3　运行维护任务

任务描述

通过"运行维护任务"解决系统中的一些常见问题。

相关知识

人们在使用计算机时，难免会遇到一些问题，如磁盘卷错误、快捷方式损坏等。在 Windows 操作系统中，碰到这类问题，可以在【疑难解答】中选择【运行维护任务】命令打开【系统维护】对话框，清理未使用的文件和快捷方式并运行其他维护任务。

任务实施

（1）选择【控制面板】|【疑难解答】命令，打开【疑难解答】窗口，如图 1.4 所示。
（2）选择【系统和安全性】|【运行维护任务】命令。

3

图 1.4 【疑难解答】窗口

（3）打开【系统维护】对话框，如图 1.5 所示。

（4）单击【下一步】按钮，进行系统维护。Windows 7 操作系统可以检测和修复快捷方式、磁盘空间、系统时间设置、桌面图标、磁盘卷等方面的潜在问题，并可生成系统维护报告，如图 1.6 所示，方便用户查看。

（5）如果系统存在问题，可按照提示进行操作，完成系统维护。

图 1.5 【系统维护】对话框　　　　图 1.6 【系统维护】中的疑难解答报告

1.1.4　优化电源使用

 任务描述

电源对于计算机尤其是笔记本电脑十分重要。通过对电源进行管理和优化，可以增强电池的使用寿命、节省电能、延长电池续航时间。本任务要求熟悉电源的优化方法。

第 1 章　计算机的日常管理与维护

 相关知识

笔记本电脑电池的内部主要由电池芯、充放电控制电路板、温度反馈线三大部分组成。其中，电池芯是电池的能量中心，它负责着无数次充放电工作；电路板用来对电池芯充放电进行控制；温度反馈线用来监控充电时电池芯的温度，当温度超过一定值时，通知电路板立即切断充电。

正常的笔记本电脑电池的待机时间应不低于 2 小时。好的电源管理能够大大节省设备功耗，有效延长电池续航时间，优化设备性能。

 任务实施

（1）选择【控制面板】|【疑难解答】|【系统和安全性】|【改进电源使用】命令，打开【电源】对话框，如图 1.7 所示。

（2）单击【下一步】按钮，系统会自动修复电源管理存在的问题，达到省电和增强电池寿命的目的，如图 1.8 所示。

图 1.7　改进电源选项

图 1.8　电源改进后的效果

1.1.5　系统性能监测

 任务描述

计算机系统的性能设置会直接影响系统运行的速度，影响用户的计算机使用效率。在 Windows 操作系统中，用户可以检查系统性能方面的问题，调整设置，提高总体速度和性能。

 相关知识

计算机系统的性能指标

对于不同用途的计算机，其对不同部件的性能指标要求有所不同。例如：对于用作

5

科学计算为主的计算机，其对主机的运算速度要求很高；对于用作大型数据库处理为主的计算机，其对主机的内存容量、存取速度和外存储器的读写速度要求较高；对于用作网络传输的计算机，则要求有很高的 I/O 速度，因此应当有高速的 I/O 总线和相应的 I/O 接口。

（1）运算速度

计算机的运算速度是指计算机每秒钟执行的指令数。单位为每秒百万条指令（简称 MIPS）或者每秒百万条浮点指令（简称 MFPOPS）。它们都是用基准程序来测试的。影响运算速度的有如下几个主要因素：

① CPU 的主频。指计算机的时钟频率。它在很大程度上决定了计算机的运算速度。Intel 是世界上最大的 CPU 生产商，近期出品的"Intel 酷睿 i7 7700K"，主频出厂设置达到 4.2GHz。

②字长。CPU 进行运算和数据处理的最基本、最有效的信息位长度。PC 机的字长，已由 8088 的准 16 位（运算用 16 位，I/O 用 8 位）发展到现在的 32 位、64 位。

③指令系统的合理性。每种机器都设计了一套指令，一般均有数十条到上百条，例如：加、浮点加、逻辑与、跳转等等，组成了指令系统。

（2）存储器的指标

①存取速度。内存储器完成一次读（取）或写（存）操作所需的时间称为存储器的存取时间或者访问时间。而连续两次读（或写）所需的最短时间称为存储周期。对于半导体存储器来说，存取周期约为几十到几百 ns。

②存储容量。存储容量一般用字节（Byte）数来度量。PC 机的内存储器大小对于操作系统流畅运行十分重要。一般来说，做艺术设计和玩大型游戏对内存容量的要求比日常办公要求更高。现在办公和家用计算机主流配置内存为 8G、16G，甚至更高。

（3）I/O 的速度

主机 I/O 的速度，即主机与外部设备之间交换数据的速度，取决于 I/O 总线的设计。速度越快，数据输入输出就越快。例如目前流行的固态硬盘，读写速度可以达到 500MB/S，用做系统硬盘，可以大大加快系统启动速度。

 任务实施

（1）选择【控制面板】|【疑难解答】|【系统和安全性】|【检查性能问题】命令，打开【性能】对话框，如图 1.9 所示。

（2）单击【下一步】按钮，检测系统性能方面的问题，如系统启动时运行多个程序、运行多个防病毒程序、多个用户登录到此计算机、高级视觉效果等，还支持自动修复系统性能问题并生成相关报告，让用户了解计算机的运行状态，让系统运行更为流畅，如图 1.10 所示。

第 1 章　计算机的日常管理与维护

图 1.9　性能测试

图 1.10　性能测试结果

1.1.6　病毒和恶意程序检查

 任务描述

在上网时，有可能会不知不觉地被安装间谍程序，导致用户的隐私泄露。本任务要求熟悉 Windows 7 中的 Windows Defender 对恶意程序进行的全面扫描和隔离。

 相关知识

间谍软件是一种能够在用户不知情的情况下，在其计算机上安装后门、收集用户信息的软件。它能够削弱用户对其使用经验、隐私和系统安全的物质控制能力，使用用户的系统资源，包括安装在他们计算机上的程序或者搜集、使用并散播用户的个人信息或敏感信息。

Windows Defender 已内置到 Windows 中，是一个用来移除、隔离和预防间谍软件的程序，且可以帮助用户保护计算机不受病毒和其他恶意软件的侵害。

 任务实施

（1）在【控制面板】中打开 Windows Defender 并启用，如图 1.11 所示。

（2）单击【立即检查更新】按钮，对病毒数据库进行更新。

（3）更新后，单击菜单栏中的【扫描】下拉按钮，在弹出的下拉列表中有三个选项，分别是"快速扫描""完全扫描"和"自定义扫描"。其中"快速扫描"针对的是系统和程序文件夹下的关键内容，该扫描将耗时数分钟；"全部扫描"是对整个硬盘扫描，该扫描可能耗时数十分钟到数个小时；"自定义扫描"可以由用户自己选择需要扫描的文件夹和内容，如图 1.12 所示。

（4）按照需要，选择一种扫描方式，系统扫描后，给出扫描报告，如图 1.13 所示。

图 1.11　启用 Windows Defender

图 1.12　扫描选项

图 1.13　系统扫描报告

1.2 硬件性能检测与日常维护

如果尝试了上节中的维护设置后，自己的计算机仍运行缓慢，则可能需要换台新计算机或升级某些硬件，如增加内存或添置运行速度更快的视频卡。

1.2.1 检查计算机性能

 任务描述

在实际使用过程中，用户一般用感性认识判断计算机运行速度的快慢，而 Windows 操作系统提供了一种方法，可以用量化方式快速评定计算机的运行速度。本任务要求熟悉使用 Windows 7 操作系统中的"体验指数"判断计算机的实际运行速度。

 相关知识

计算机系统性能评价

在 20 世纪 60 年代中期，出现了多任务、多用户的计算机系统，随着大家对这种系统的应用，人们发现这些系统表现出来的实际性能并没有预计的好，从而引发了对计算机系统性能评价的研究。计算机系统性能评价就是采用测量、模拟、分析等方法和工具，研究计算机系统的生产率、利用率、响应特性等系统性能。这里，性能代表系统的使用价值。

性能评价技术就是将看不见摸不着的性能转换为人们能够数量化和可以进行度量和评比的客观指标，以及从系统本身或从系统模型获取有关性能信息的方法。前者即测量技术，后者包括模拟技术和分析技术。

性能评价通常是与成本分析结合在一起，以获得各种系统性能和性能价格比的定量值，然后可以指导新型计算机系统（如分布式文件系统）的设计和改进，以及指导计算机应用系统的设计和改进，包括选择计算机类型、型号和确定系统配置等。

 任务实施

（1）选择【控制面板】|【性能信息和工具】|命令，打开【性能信息和工具】窗口，如图 1.14 所示。

（2）Windows 体验指数根据五个关键组件来评定计算机，它会为每个组件分别给出一个分数，并给出总体基本分数。此基本分数与性能最差的组件获得的子分数相同。基本分数的范围是从 1.0~7.9。如果计算机的评定分数低于 2.0 或 3.0，则可能需要考虑换台新计算机了，这取决于自己平常都用计算机做什么工作。

图 1.14 【性能信息和工具】窗口

1.2.2 硬件的日常维护

任务描述

懂得计算机硬件的日常管理，养成良好的使用习惯，可以避免计算机的意外损坏，特别是重要数据的丢失，可以有更好的使用体验。

相关知识

为了保证计算机的正常工作，对工作环境有一定的要求。理想的工作温度在 10℃～35℃，温度过高，会导致系统运行缓慢、电脑死机等故障；相对湿度应为 30%～80%，湿度太高会影响电脑的性能发挥，时间长了就会腐蚀各配件的电路板，甚至引起一些配件的短路。天气较为潮湿时，最好每天都使用计算机或使其通电一段时间；但如果天气潮湿到了极点，比如显示器或主机表面有水汽，这时是绝对不能给计算机通电的。机箱内灰尘过多时，也会造成系统工作不稳定或电脑硬件损坏，所以应该保持环境整洁并对机器定期除尘。

计算机开机时对内部各配件的冲击比较大，因此短时间内不宜频繁地进行开关机操作。当计算机工作时，应避免进行直接按电源开关的硬关机操作，如机器正在读写数据时突然关机，对硬盘的冲击较大，很可能会丢失数据，或造成程序无法启动，甚至损坏硬盘。更不能在机器工作时做更换主机配件等危险操作。

任务实施

1. 维护硬件和工作环境的安全

1）维护强电环境的安全

保证计算机和插排的各个接口连接紧实可靠，避免松动或虚接；合理规划各种线缆的走线，必要时对线缆进行捆绑整合；线缆摆放合理不易碰绊，尽可能杜绝意外断电；一定要做到关机后离开，雷雨天尽量避免使用计算机。

2）维护静电环境的安全

静电有可能造成计算机芯片的损坏，为防止静电对计算机造成损害，在打开计算机机箱前应当用手接触暖气管等可以放电的物体，将自身的静电放掉后再接触计算机的配件。另外，在安放计算机时，将机壳用导线接地，可以起到很好的防静电效果。在干燥环境下使用加湿器、拖地等方式增加计算机周围的空气湿度，减少静电。

3）计算机的摆放

计算机主机的安放应当平稳，保留必要的散热和工作空间，留出用来放置磁盘、图纸等常用备品备件的地方以方便工作；计算机周围避免摆放易倾倒的液体；不要在使用计算机时吃食物。

4）用户健康安全

保证使用计算机时坐姿端正、手势正确，避免肌肉和关节劳损；控制使用计算机的时间，经常起立、走动或站立办公；视觉位置应保持显示器上边与视线基本平行，太高或太低都会使操作者容易疲劳。

2. 维护数据存储设备的安全

1）维护硬盘的安全

硬盘正在进行读、写操作时不可突然断电。现在的硬盘转速很高，在硬盘进行读、写操作时，磁头处于高速旋转状态，若突然断电，可能会使磁头与盘片之间猛烈摩擦而损坏硬盘。如果硬盘指示灯闪烁不止，说明硬盘的读、写操作还没有完成，只有在硬盘指示灯停止闪烁，硬盘完成读、写操作后方可重启或关机。当计算机在运行时最好不要搬动它。另外，硬盘在移动或运输时最好用泡沫或海绵包装保护。

2）维护闪存盘的安全

同硬盘一样，不要在读写时插拔闪存盘；闪存盘存储芯片脆弱，避免扔、摔闪存盘；不要将闪存盘与钥匙等硬物挂在一起；计算机上使用他人的闪存盘时一定要先杀毒。

第 2 章 Word 图文处理

在现代化的办公及学习生活中,常常会遇到图文排版问题,在各类专业排版工具中最流行且最简便的工具,就数微软公司提供的文字处理软件 Word 了。作为微软 Office 套件的核心程序,Word 提供了丰富的文档设置功能,可以帮助用户轻松高效地完成专业水准级别的文档处理工作。Word 文档的扩展名为".doc"或".docx"。

通过本章的学习,旨在让读者熟悉 Word 2013 的软件界面及基本操作;掌握文档页面设置及页眉页脚的编辑方法;掌握字体及段落的格式化;掌握图片、形状、文本框等各类对象的插入及设置;掌握表格的插入及编辑;能够根据需求完成文档的图文排版;掌握邮件合并的知识及操作要点,能够根据需求批量生成多个文档。

2.1 图文排版

图文排版是 Word 提供的基本功能,本节通过讲解乌镇旅游图文页面的排版过程,让读者能够快速掌握文档的页面设置,字体格式设置,段落格式设置,页眉页脚的编辑,图片、形状、文本框等对象的插入及设置方法。图文页面的成图及排版要求如图 2.1 所示。

图 2.1　图文页面的成图及排版要求

2.1.1 页面设置

任务描述

在对文档排版时，首先要进行页面的设置，确定纸张、版心和页边距的大小。按照图 2.1 中的要求，对文档进行页面设置。

相关知识

1.【页面布局】选项卡

如图 2.2 所示，在 Word 2013 中使用【页面布局】选项卡，可以对文档页面进行整体布局，也可以对各类对象进行对齐、排列、旋转、组合等操作。

图 2.2 【页面布局】选项卡

在【页面设置】区域，可以调整文档的文字方向、纸张大小、纸张方向及页边距等属性，也可以在文档中设置分栏、添加各类分隔符。在【段落】区域，可以设置段落的缩进与间距等属性。在【排列】区域，可以设置对象的位置、层次、对齐、分布、组合、旋转等属性。

2.【页面设置】对话框

单击【页面设置】区域右下角的小箭头，打开【页面设置】对话框。在对话框的【页边距】选项卡中，可以详细设置纸张方向、页边距、装订线等属性。在【纸张】选项卡中，可以设置纸张的大小。在【版式】选项卡中，可以详细设置页眉页脚与页边距的距离，也可以设置针对章节的页眉页脚属性。在【文档网格】选项卡中，可以设置文字的排列方向、每页的行数、每行的字符数等属性。

任务实施

（1）在 Word 2013 中打开给定的素材文档。

（2）在【页面布局】选项卡中单击【页面设置】区域右下角的小箭头，打开【页面设置】对话框，如图 2.3 所示。在【纸张】选项卡中，将纸张大小设置

图 2.3 【页面设置】对话框

为"16开(18.4×26厘米)"。在【页边距】选项卡中,将上、下、左、右的页边距均设置为"2厘米"。在【版式】选项卡中,将页眉距边界的距离设置为"1.5厘米",将页脚距边界的距离设置为"1厘米"。

2.1.2 字体及段落的格式设置

任务描述

字体及段落的格式设置是排版中最基础和最重要的部分。按照图2.1中的要求,对首段文字、中间正文和散文部分进行格式设置。

相关知识

1.【开始】选项卡

如图2.4所示,在【开始】选项卡中,可以设置字体段落格式,可以对样式进行编辑套用,也可以对文档内容进行查找和替换等操作。

图2.4 【开始】选项卡

在【剪贴板】区域,能够对选取的文字或段落内容进行剪切、复制、粘贴或格式复制等相关操作。在【字体】区域,可以设置文字的字体、字号、字形、文本效果和版式、突出显示、字体颜色、字符底纹、带圈字符、拼音指南、字符边框等属性,也可以对文字进行增大或减小字号、更改大小写、清除所有格式等操作。在【段落】区域,可以对段落的对齐方式、行与段落间距、增加或减少缩进量、项目符号、编号、多级列表、底纹、边框等属性进行设置。在【样式】区域,可以给文字套用系统预定义的各种级别的样式,也可以对样式进行编辑、创建、删除等操作。在【编辑】区域,可以对文字或格式进行查找、替换等操作。

2.字体格式的设置

1)使用【开始】选项卡

选中文字,在【开始】选项卡的【字体】区域单击某个按钮,对相应属性进行设置。

2)使用【字体】对话框

选中文字,单击【字体】区域右下角的小箭头,或者直接在文字上右击,在弹出的快捷菜单中选择【字体】命令,都可以打开【字体】对话框。在对话框的【字体】选项卡中,可以一次性对文字的字体、字号、字形、字体颜色、下画线类型、着重号、效果等属性进行详细设置。在【高级】选项卡中,可以设置文字的字符间距等属性。

3.字体的安装

在进行页面排版时,根据排版风格的需求,可能会用到一些系统中没有的字体。各类风格的字体文件，可以从网络上直接搜索下载。字体文件下载以后，需要安装到系统中才能够使用。

1）单个字体的安装

如果要安装单个的字体文件，在 Windows 7 以上的系统版本中，只要双击字体文件，在打开的对话框中单击【安装】按钮即可。

2）多个字体的批量安装

如果要安装很多个字体文件，可以将字体文件全部选中，复制到文件夹目录"C:\Windows\Fonts"中即可。

4. 段落格式的设置

1）使用【开始】选项卡

选中段落，在【开始】选项卡的【段落】区域单击某个按钮，对相应属性进行设置。

2）使用【段落】对话框

选中段落，单击【段落】区域右下角的小箭头，或者直接在段落上右击在弹出的快捷菜单中选择【段落】命令，都可以打开【段落】对话框。在对话框的【缩进和间距】选项卡中，可以一次性对段落的对齐方式、大纲级别、缩进、特殊格式、间距、行距等属性进行详细设置；在【换行和分页】选项卡及【中文版式】选项卡中，可以设置段落的换行、分页、字符间距等属性。

3）使用【边框与底纹】对话框

在【段落】区域，单击【边框】下拉按钮，在弹出的下拉列表中选择【边框和底纹】命令，打开【边框和底纹】对话框。在对话框的【边框】选项卡中，可以详细设置段落（或文字）的边框样式、颜色、宽度等属性。在【页面边框】选项卡中，可以设置文档整体的边框样式、颜色、宽度等属性。在【底纹】选项卡中，可以设置段落（或文字）底纹的填充与图案。

5. 格式刷的使用

格式刷工具可以快速复制已有文字（或段落）的格式，将其应用至新的文字（或段落）上。格式刷的使用主要有以下两种情况。

（1）将已有格式只复制并应用一次。操作过程如下。

选中已经具有某种格式的文字（或段落）。在【开始】选项卡中单击【格式刷】按钮，鼠标指针会自动进入格式刷模式，变成小刷子形状。使用小刷子去扫需要应用该格式的文字（或段落）即可。完成后，鼠标指针会自动退出格式刷模式。

（2）将已有格式复制并应用至多处不连续的文字（或段落）中。操作过程如下。

选中已经具有某种格式的文字（或段落）。在【开始】选项卡中双击【格式刷】按钮，鼠标指针进入格式刷模式，变成小刷子形状。使用小刷子分别去扫需要应用该格式的各处文字（或段落）。完成后，单击【格式刷】按钮，鼠标指针退出格式刷模式。

注意：不论是以上哪种情况，只要是格式要被应用至其他段落中，那么在前期的操作中，都必须先选中带有格式的整个段落；否则，段落格式的复制将有可能不成功。

任务实施

（1）选中首段文字，在【开始】选项卡中单击【字体】区域右下角的小箭头，打开【字体】对话框，如图 2.5 所示，将字体设置为"方正黄草简体"，字号设置为"五号"，字体颜色设置为"浅棕色"。

（2）单击【段落】区域右下角的小箭头，打开【段落】对话框，在【缩进和间距】选项卡中，将段落的对齐方式设置为"两端对齐"；特殊格式为"首行缩进"，缩进值为"2 字符"；行距为"固定值"，设置值为"20 磅"；右侧缩进为"2 字符"，如图 2.6 所示。

（3）按照图 2.1 中的要求，用同样方法设置正文部分与散文部分的格式。

图 2.5 【字体】对话框　　　　　　　　图 2.6 【段落】对话框

2.1.3 文字的分栏设置

 任务描述

按照图 2.1 中的要求，对正文和散文部分进行分栏设置。

相关知识

每一个报纸或杂志排版时，依据是否有利于读者的阅读，是否有利于表现报纸的特点决定是否分栏和如何分栏。分栏时，由上而下垂直划分，可以是两栏，也可以是多栏，栏宽可以相等，也可以不等。

第 2 章　Word 图文处理

 任务实施

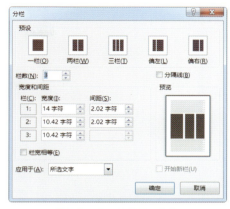

（1）将正文部分与散文部分的文字同时选中。

（2）选择【页面布局】|【页面设置】|【分栏】|【更多分栏】命令，打开【分栏】对话框，如图 2.7 所示，将栏数设置为"3"，取消选中"栏宽相等"复选框，并将第 1 栏的宽度设置为"14 字符"，其余参数采用默认设置。

2.1.4　对象的插入与设置

图 2.7　【分栏】对话框

 任务描述

按照图 2.1 中的要求，在页面左上角绘制文本框，制作标题效果。在页面中插入一张前景图和两张背景图，并设置图片的属性满足排版要求。

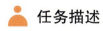 **相关知识**

1．【插入】选项卡

如图 2.8 所示，使用【插入】选项卡，可以在文档中插入各类对象。

图 2.8　【插入】选项卡

在【页面】区域，可以选择插入封面、空白页和分页符。在【表格】区域，可以插入表格。在【插图】区域，可以选择插入图片、联机图片、形状、SmartArt、图表、屏幕截图等。在【媒体】区域，可以插入联机视频。在【链接】区域，可以插入超链接、书签、交叉引用等。在【批注】区域，可以插入文档批注。在【页眉和页脚】区域，可以根据需要设置页眉、页脚及页码。在【文本】区域，可以插入文本框、艺术字、日期和时间等对象，也可以设置首字下沉样式。在【符号】区域，可以插入公式、特殊符号、编号等对象。

2．文本框的插入及设置

由于排版的需求，很多时候需要在文档中插入文本框来实现各处不同的文字效果。

1）插入文本框

将光标置于文档中，在【插入】选项卡的【文本】区域中单击【文本框】下拉按钮，在弹出的下拉列表中选择文本框的类型即可。如果选择了【绘制文本框】或【绘制竖排文本框】命令,鼠标指针会自动进入绘制模式,变成十字形状。此时,在文档中绘制一个文本框区域即可。

2)设置文本框的布局

选中文本框,在其右上角会出现一个【布局选项】按钮,单击该按钮在弹出的下拉列表中可以直接选择文本框的文字环绕方式和位置,也可以选择【查看更多】命令,在打开的【布局】对话框中对文本框的位置、大小、文本环绕等进行详细设置。

3)设置文本框的格式

双击文本框,进入文本框的【格式】选项卡,如图2.9所示。在【插入形状】区域,可以修改文本框的形状或者重新插入文本框。在【形状样式】区域,可以使用预定义的样式来更改文本框的整体外观,也可以对文本框的形状填充、形状轮廓、形状效果进行自定义修改。在【艺术字样式】区域,可以使用预定义的样式来更改文本框中文字的艺术效果,也可以对文本框中文字的填充、轮廓、效果进行自定义修改。在【文本】区域,可以设置文本框中文字的方向和对齐方式等属性。在【排列】区域,可以对文本框进行位置、旋转、对齐、组合等操作。在【大小】区域,可以调整文本框的宽度和高度。

图2.9 文本框的【格式】选项卡

除此之外,在文本框上右击,在弹出的快捷菜单中选择【设置形状格式】命令,打开【设置形状格式】对话框,在其中可以对文本框进行更加细致的格式设置。

3. 形状的插入及设置

1)插入形状

将光标置于文档中,选择【插入】|【插图】|【形状】命令,在弹出的下拉列表中选择要绘制的形状,自动进入绘制模式,鼠标指针变成十字形状。此时,在文档中绘制形状即可。

2)设置形状的布局

同文本框的布局设置,在此不再赘述。

3)设置形状的格式

双击形状,进入形状的【格式】选项卡,如图2.10所示。它与文本框的【格式】选项卡功能基本一致,在此不再赘述。只是要注意:根据绘制形状的不同,在其【格式】选项卡中允许修改的属性也会有所不同。

图2.10 形状的【格式】选项卡

第 2 章　Word 图文处理

另外，跟文本框一样，在形状上右击，在弹出的快捷菜单中选择【设置形状格式】命令，也能够打开【设置形状格式】对话框进行详细设置。

4. 图片的插入及设置

纯文本的信息往往需要花费读者更多的时间和精力去解读与分析，少了些许亲和力。若能巧妙运用图片，可以大大增强文字的说服力，让读者更容易产生共鸣。因此，文档的排版必然少不了图片设置。

1）插入图片

将光标置于文档中，选择【插入】|【插图】|【图片】命令，打开【插入图片】对话框，浏览找到图片所在的文件目录并将其选中，单击【插入】按钮即可。

2）设置图片的布局

同文本框的布局设置，在此不再赘述。

3）设置图片的格式

双击图片，打开图片的【格式】选项卡，如图 2.11 所示。在选项卡的【调整】区域，可以对图片进行一些亮度、颜色、艺术效果等方面的修改。在【图片样式】区域，可以使用预定义的样式来更改图片的整体外观，也可以对图片的边框、效果和版式进行自定义修改。在【排列】区域，可以对图片进行位置、旋转、对齐、组合等操作。在【大小】区域，可以调整图片的宽度和高度，也可以对图片进行裁剪。

图 2.11　图片的【格式】选项卡

另外，在图片上右击，在弹出的快捷菜单中选择【设置图片格式】命令，打开【设置图片格式】对话框，在其中可以对图片进行更加细致的格式设置。

 任务实施

1. 使用文本框制作标题效果

（1）选择【插入】|【文本】|【文本框】|【绘制竖排文本框】命令，鼠标指针进入绘制模式，变成十字形状。此时，在文档开头处绘制一个较大的文本框区域。在文本框的编辑过程中，可以随时用鼠标拖曳调整文本框的大小，令其内部文字全部显示。

（2）单击文本框右上角的【布局选项】按钮，如图 2.12 所示，在弹出的下拉列表中，将文字环绕设置为"四周型环绕"，位置设置为"随文字移动"。

（3）双击文本框，打开【格式】选项卡，在【形状样式】区域将文本框的形状填充设置为"无填充颜色"，形状轮廓设置为"无轮廓"。

（4）在文本框中输入副标题文字"——来过就不曾离开"，按 Enter 键，再输入主标题文字"乌镇"。

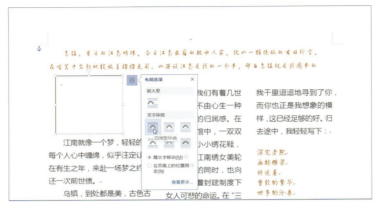

图 2.12　文本框的布局设置

（5）选中主标题文字"乌镇"，在【开始】选项卡的【字体】区域，将字体设置为"方正黄草简体"，字号设置为"初号"，字形设置为"加粗"，将其文本效果和版式设置为"第 3 行第 3 列"的效果。单击【段落】区域右下角的小箭头，打开【段落】对话框，将段落的行距设置为"固定值"，设置值为"50 磅"。

（6）选中副标题文字"——来过就不曾离开"，在【开始】选项卡的【字体】区域，将字体设置为"方正黄草简体"，字号设置为"小二"。单击【段落】区域右下角的小箭头，打开【段落】对话框，将段落的行距设置为"固定值"，设置值为"25 磅"。

（7）在破折号"——"的前面添加几个空格，令该行文字出现在"乌镇"的下方。

（8）将文本框中的文字全部选中，在【开始】选项卡的【字体】区域，将字体颜色统一设置为"浅棕色"。

（9）为了排版的美观，文本框也不能设置得太大，刚好能显示全部文字即可。双击文本框，在【格式】选项卡中，将文本框宽度设为"3.3 厘米"，高度设为"8.7 厘米"。

（10）参考图 2.13，拖动文本框，将其摆放在页面左上角合适的位置。

图 2.13　文本框完成效果

2. 文档中前景图片的设置

（1）选择【插入】|【插图】|【图片】命令，打开【插入图片】命令，找到给定的第 1 张素材图片，将其选中，单击【插入】按钮插入文档中。

（2）单击图片右上角的【布局选项】按钮，在弹出的下拉列表中，将文字环绕设置为"四周型环绕"，位置设置为"随文字移动"。

（3）双击图片，在【格式】选项卡中，将图片的宽度设置为"8.5厘米"。

（4）参考图 2.14，拖动图片，要求：在垂直方向上，将其放在首段文字的下方；在水平方向上，将其向右拖动，当靠近页边距时，右侧会出现绿色参考线，此时释放鼠标按键，即可令图片与页边距右对齐。

3. 文档中背景图片的设置

（1）选择【插入】|【插图】|【图片】命令，打开【插入图片】对话框，找到给定的第 2 张素材图片，将其选中，单击【插入】按钮插入文档中。

图 2.14　图片完成效果

（2）单击图片的【布局选项】按钮，在弹出的下拉列表中，将文字环绕设置为"衬于文字下方"，位置设置为"在页面上的位置固定"。

（3）参考图 2.14，调整图片的大小及位置，将其摆放在文档左上方标题后面。

（4）按上述步骤，插入第 3 张图片，将其摆放在文档右下角。

2.1.5　页眉和页脚的设置

任务描述

按照图 2.1 中的要求，设置文档的页眉页脚。本案例的页眉效果，是用一个矩形和一个文本框共同实现的。

相关知识

设置文档的页眉页脚，就需要进入页眉页脚编辑模式，在该编辑模式下，只能修改页眉页脚中的内容，而不能够修改文档正文。页眉页脚编辑模式的进入方式主要有以下两种：

(1)在文档的页眉或页脚区域双击,进入页眉页脚编辑模式,修改页眉页脚中的内容。

(2)在【插入】|【页眉页脚】菜单分别单击【页眉】、【页脚】或【页码】命令,在弹出的下拉列表中选择页眉、页脚的样式或选择页码的位置等命令,进入页眉页脚编辑模式。

进入页眉页脚编辑模式后,Word 会自动打开页眉页脚的【设计】选项卡,如图 2.15 所示,在此可以对页眉页脚的内容、格式、位置、显示等属性进行详细设置。

图 2.15　页眉页脚的【设计】选项卡

页眉页脚中的内容编辑完成后,还需要退出该编辑模式,回归正文编辑模式。页眉页脚编辑模式的退出方式有如下两种。

(1)在页眉页脚的【设计】选项卡中单击【关闭页眉和页脚】按钮退出。

(2)直接在文档的正文区域双击退出。

 任务实施

1. 去掉页眉中的线

(1)在文档的页眉区域双击,进入页眉页脚编辑模式,发现页眉中自动出现一条下框线,当前案例不希望出现这条线。

(2)选中页眉中的空白段落,选择【开始】|【段落】|【边框】|【边框和底纹】命令,打开【边框和底纹】对话框,如图 2.16 所示,在【边框和底纹】对话框的【边框】选项卡中,将段落的边框线设置为"无"即可。

2. 页眉中矩形的设置

(1)在页眉编辑模式下,选择【插入】|【插图】|【形状】|【矩形】命令,鼠标指针进入绘制模式,变成十字形状。此时,在页眉中绘制一个矩形。

(2)单击矩形右上角的【布局选项】按钮,在弹出的下拉列表中将文字环绕设置为"衬于文字下方",位置设置为"在页面上的位置固定"。

图 2.16　【边框和底纹】对话框

(3) 双击矩形,在其【格式】选项卡中,将矩形的形状填充设置为"棕色",形状轮廓设置为"无轮廓"。

(4) 在【格式】选项卡中,将其宽度设为"0.5厘米",高度设为"2厘米"。

(5) 参照图 2.17,在【格式】选项卡中,单击【对齐】下拉按钮,在弹出的下拉列表中选中【对齐边距】,并且选择【左对齐】命令,令图片在水平方向与页边距左对齐。再次单击【对齐】下拉按钮,在弹出的下拉列表中选中【对齐页面】,并且选择【顶端对齐】命令,令图片在垂直方向与页面顶端对齐。

图 2.17　页眉完成效果

3. 页眉中文本框的设置

(1) 在页眉编辑模式下,选择【插入】|【文本】|【文本框】|【绘制文本框】命令,令鼠标指针进入绘制模式,变成十字形状。此时,在页眉中绘制一个文本框。

(2) 双击文本框,在其【格式】选项卡中,将文本框的形状填充设置为"无填充颜色",形状轮廓设置为"无轮廓"。

(3) 在文本框中输入文字"Travel | 旅游"。

(4) 将文本框中内容同时选中,在【开始】选项卡的【字体】区域中将字体设置为"方正综艺简体",字号设置为"五号"。在【段落】区域,选择【边框】|【边框和底纹】命令,打开【边框和底纹】对话框。在对话框的【边框】选项卡中,给段落添加宽度为"0.75磅"的"下框线"。

(5) 选中文本框中的英文字母,在【开始】选项卡的【字体】区域中将字体修改为"Arial Black"。

(6) 单独选中字母"T",在【开始】选项卡的【字体】区域中将字号改为"四号",字体颜色改为"白色"。

(7) 参照图 2.17,调整文本框的大小和位置。在水平方向,让文字"T"正好显示在矩形中间。在垂直方向,让文本框的下框线刚好能显示在页眉底部即可。

4. 页脚的设置

(1) 选择【插入】|【页眉和页脚】|【页码】|【页面底端】|【普通数字 3】命令,即可在页脚插入右侧对齐的页码效果。

(2) 在页码的前面添加文字"第",在页码的后面添加文字"页"。

(3) 全选页脚中的字符,在【开始】选项卡的【字体】区域中将字体设为"黑体",字号设为"五号"。

(4) 将光标置于页脚的第 2 行中,按 Backspace 键删除页脚中的空白行。

2.2 表格制作

Word 提供了多种表格编辑的方法与技巧,本节通过讲解审批单表格的制作过程,让读者能够快速掌握表格的创建、表格的编辑和表格的样式套用等操作。表格的成图及制作要求如图 2.18 所示。

其中,页面设置及表格外两行文字的排版技术属于图文排版的内容,按照图 2.18 的要求操作即可,在此不再赘述。本节主要聚焦在表格的制作方面。

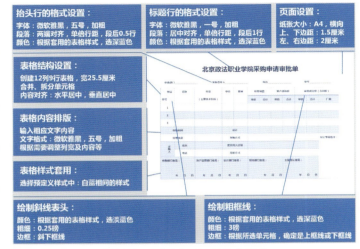

图 2.18 表格的成图及制作要求

2.2.1 表格的创建

 任务描述

参照图 2.18,可以看到表格中有合并、拆分的单元格。根据每个人的操作习惯,初始创建表格时,既可以选择插入较多的行列数,再进行单元格合并、删除行或列操作;也可以选择插入较少的行列数,再对其进行单元格拆分、插入行或列操作。无论用哪种方式,最终能够按要求制作出表格结构即可。

本例从教学视角,兼顾对单元格的拆分与合并,选择初始创建一个 12 列 9 行的表格。

 相关知识

表格是 Word 中的常用功能,创建表格的方法有以下几种。

(1)将光标置于文档中,在【插入】选项卡【表格】区域中,单击【表格】下拉按钮,在弹出的下拉列表中用鼠标在表格中拖动,选择表格的行数及列数,选定后,释放鼠标按键,即可在文档中插入表格。

(2)选择【表格】|【插入表格】命令,打开【插入表格】对话框,在其中可以直接设置表格的行数、列数、列宽等属性。

(3)选择【表格】|【绘制表格】命令,鼠标指针自动进入绘制模式,变成小铅笔形状,此时手动绘制表格即可。

(4)选择【表格】|【Excel 电子表格】命令,则会自动在文档中插入一个 Excel 表格对象。

第 2 章　Word 图文处理

（5）选择【表格】|【快速表格】命令，在其列表中选择表格模板，则会在文档中插入一个设置好样式的表格模板。

 任务实施

将光标置于文字行的后面，选择【插入】|【表格】|【插入表格】命令，在打开的【插入表格】对话框中，将表格列数设置为"12"，行数设置为"9"，单击【确定】按钮，创建表格。

2.2.2　表格结构的调整

 任务描述

将表格宽度设置为 25.5 厘米，如图 2.19 所示，在表格相关位置对单元格进行拆分与合并，完成表格结构的调整。

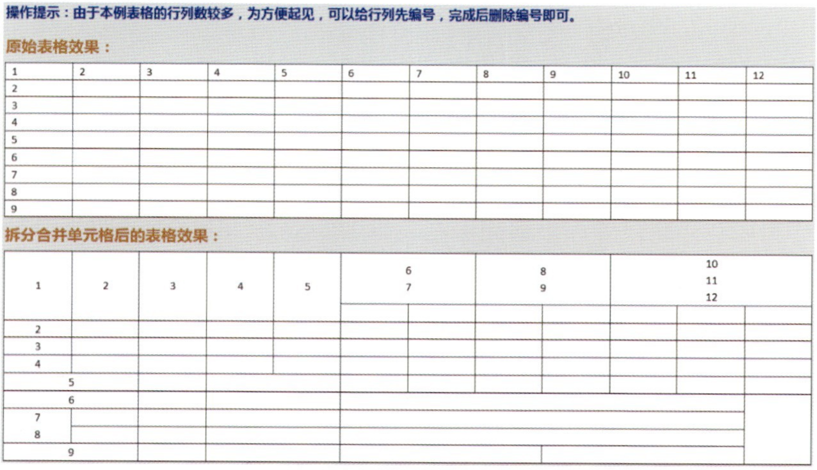

图 2.19　单元格的拆分与合并

 相关知识

1. 表格中元素的选取

前面已经讲过表格的整体选取，这里讲解表格中各种元素的选取方式。

（1）选取单元格：将鼠标指针放在单元格的左下角，等其变成黑色小箭头时单击，即可选中该单元格。

（2）选取单行：使用鼠标拖动，选取单行；或将鼠标指针放在该行的左侧，等其变成白色小箭头时单击，选中该行。

（3）选取单列：使用鼠标拖动，选取单列；或将鼠标指针放在该列的上方，等其变成黑色小箭头时单击，选中该列。

（4）选取整个表格：当鼠标指针移至表格区域时，表格左上角会自动出现一个小按钮，单击该按钮，即可选中整个表格。

（5）选取连续的区域：使用鼠标拖动，选取连续区域；或将光标置于区域开始处所在的单元格，按 Shift 键的同时，再单击区域结尾处所在的单元格，即可选中连续区域。

（6）选取多个不连续的区域：按住 Ctrl 键的同时，用鼠标拖动选取各个不连续的区域，即可将其同时选中。

（7）选取多个不连续的行：按住 Ctrl 键的同时，拖动选取各个不连续的行。

（8）选取多个不连续的列：按住 Ctrl 键的同时，拖动选取各个不连续的列。

2. 表格【布局】选项卡

选中表格，可以显示表格的【布局】选项卡，如图 2.20 所示。

图 2.20 表格的【布局】选项卡

在【表】区域，可以选择整个表格或选择表格中的行、列、单元格，也可以单击【属性】按钮，打开【表格属性】对话框。在【绘图】区域，可以手动绘制或擦除表格中的边框线。在【行和列】区域，可以根据光标在表格中的位置，选择删除表格中的行、列或整个表格；也可以选择在当前光标位置的上、下侧插入行，或在其左、右侧插入列。在【合并】区域，可以对表格中的单元格进行拆分或合并操作；也可以对整个表格进行拆分操作，将其拆分为两个表格。在【单元格大小】区域，可以设置单元格的宽度、高度，也可以让各行或各列进行平均分布。在【对齐方式】区域，可以设置各个单元格中内容的对齐方式、文字方式、单元格间距等属性。在【数据】区域，可以设置表格中的函数与公式，也可以设置重复标题行，还可以设置表格与文本的转换。

3.【表格属性】对话框

在表格上右击，在弹出的快捷菜单中选择【表格属性】命令，或在【布局】选项卡中单击【属性】按钮，或者在【布局】选项卡中单击【单元格大小】右下角的小按钮，都可以打开【表格属性】对话框。在对话框的【表格】选项卡中，可以设置表格的整体宽度、对齐方式、文字环绕、左缩进等属性。在对话框的【行】选项卡中，可以设置表格中各个行的高度，也可以设置跨页断行，还可以设置标题行在各页顶端重复出现。在对话框的【列】选项卡中，可以设置表格中各个列的宽度。在对话框的【单元格】选项卡中，可以设置表格中各个单元格的宽度，以及单元格中内容的垂直对齐方式。

4. 使用快捷键 F4 提高操作效率

快捷键 F4 的作用，就是重复最后一次的操作。当需要多次重复相同的操作时，可以使用这个快捷键提高操作效率，这在 Office 各套件中均可适用。

 任务实施

1. 拆分单元格

（1）单击表格左上角的小按钮，选中整个表格。右击表格，在弹出的快捷菜单中选择【表格属性】命令，在打开的【表格属性】对话框中选择【表格】选项卡，将表格宽度设置为"25.5 厘米"。

（2）参照图 2.19，将光标置于表格第 1 行第 6 列的单元格中，在【布局】选项卡中单击【拆分单元格】按钮，在打开的【拆分单元格】对话框中，将拆分列数设为"1"，行数设为"2"。

（3）将光标置于第 1 行第 7 列的单元格中，按 F4 键，重复上一步操作，将该单元格也拆分为 1 列 2 行。

（4）按 F4 键，将第 1 行中第 8 列至第 12 列的单元格，也分别拆分为 1 列 2 行。

2. 合并单元格

（1）参照图 2.19，同时选中表格第 1 行中第 6、7 列上面的两个单元格，在【布局】选项卡中单击【合并单元格】按钮，将其合并。

（2）按 F4 键，将该行第 8、9 列的单元格合并。

（3）按上述步骤，继续完成表格中其他单元格的合并操作。

3. 设置内容的对齐方式

（1）单击表格左上角的小按钮，选中整个表格。

（2）在【布局】选项卡的【对齐方式】区域，将所有单元格中内容的对齐方式设为"水平居中"，即令其内容在垂直方向和水平方向都居中对齐。

2.2.3 表格内容的录入与排版

 任务描述

参照图 2.21，录入表格中的内容。将表格中字体格式设置为"微软雅黑""五号""加粗"，段落格式设置为"单倍行距"。将表格中内容的对齐方式设置为在垂直、水平方向均为居中。然后，按图示调整个别单元格中的内容或对齐属性。最后，调整各个列的宽度，令文字均能在单行中完全显示。

 任务实施

1. 文字内容的录入及格式设置

（1）参照图 2.21，录入表格中的文字内容。

物品序号	名称	性能（主要技术指标）	单位	数量	经费预算		资产部询价		审批成交价（合同价）		
					单价	合计	单价	合计	单价	合计	厂商
1											
2											
3											
申购时间				总计							
经费来源				采购方式					其他事项备注：		
采购人	姓名			是否列入计划							
	电话			竞价方式							
申购部门意见：		资产管理部门意见：		审计部门意见：		财务部门意见：			主管院长意见：		
年 月 日		年 月 日		年 月 日		年 月 日			年 月 日		

图 2.21 表格内容排版

（2）单击表格左上角的小按钮，选中整个表格。在【开始】选项卡的【字体】区域，将字体设置为"微软雅黑"，字号设置为"五号"，字形设置为"加粗"。单击【段落】区域右下角的小按钮，打开【段落】对话框，将行距设置为"单倍行距"。

（3）选中表格第 1 行第 1 列单元格中的文字，在【开始】选项卡的【段落】区域，将文字的对齐方式修改为"两端对齐"。然后，在文字"物品"前面添加两个空格，让两行文字分别显示在单元格的左下侧和右上侧。

（4）在表格第 8 行第 1 列单元格中，选中文字"采购人"，选择【布局】|【对齐方式】|【文字方向】命令，将其文字方向改为纵向。

（5）在表格第 9 行中，选中第 1 个单元格中的首行文字，在【开始】选项卡的【段落】区域，将文字的对齐方式修改为"左对齐"。紧接着，按 F4 键，将该行后续每个单元格中首行文字的对齐方式，都修改为"左对齐"。

（6）在表格第 9 行中，选中第 1 个单元格中的末行文字，在【开始】选项卡的【段落】区域，将文字的对齐方式修改为"右对齐"。紧接着，按 F4 键，将该行后续每个单元格中末行文字的对齐方式，都修改为"右对齐"。

（7）选中第 12 列最下面的合并单元格，在【布局】选项卡的【对齐方式】区域，单击【靠上两端对齐】按钮，将单元格内容的对齐方式改为靠上两端对齐。

2．表格列宽的调整

（1）将光标置于表格第 1 列的某个单元格中，右击，在弹出的快捷菜单中选择【表格属性】命令，在打开的【表格属性】对话框的【列】选项卡中，将该列的宽度设置为"2 厘米"。

（2）也可以将鼠标指针移动至列框线上，通过左右拖动列框线来调整列宽，保证单元格中所有文字均能在单行中完全显示即可。

2.2.4 表格外观的美化

任务描述

参照图 2.22，首先为表格套用一种预定义的样式令其快速美化，然后在表格左上方绘制斜线表头，在表格右上方绘制粗框线。

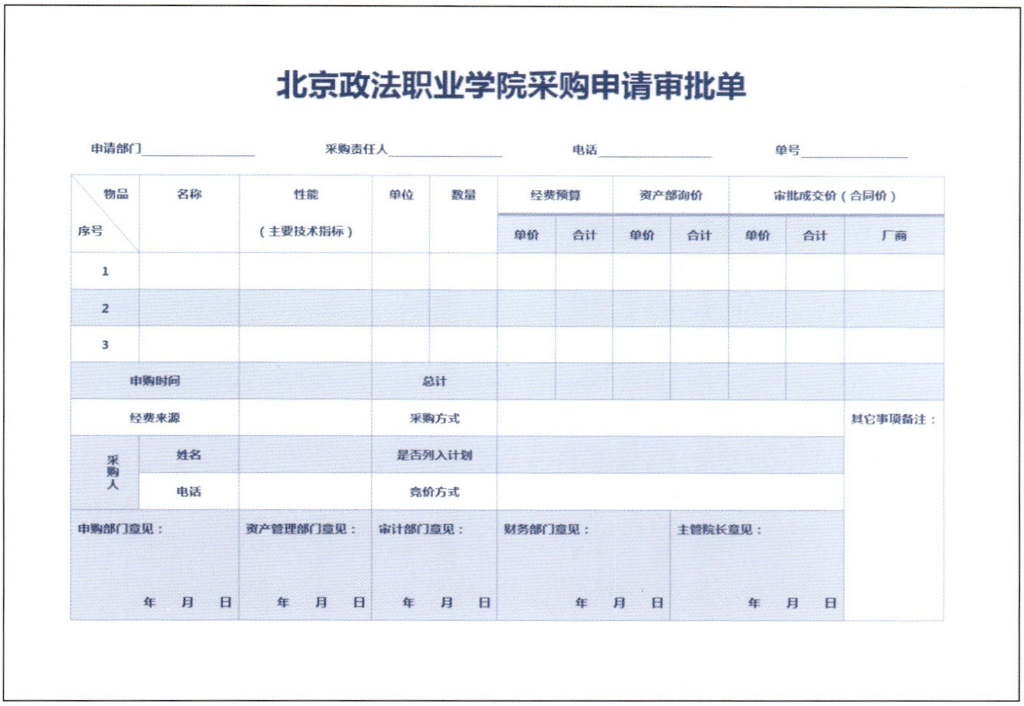

图 2.22 审批单最终效果

相关知识

选中表格，可以显示表格的【设计】选项卡，如图 2.23 所示，利用【设计】选项卡可以快速美化表格外观。

在【表格样式选项】区域，可以选择保留或取消表格中的特定行或特定列。在【表格样式】区域，可以使用预定义的样式来更改表格的底纹效果，也可以对表格中的底纹效果进行自定义修改。在【边框】区域，可以使用预定义的样式来更改表格的边框效果，也可以使用【边框刷】对表格中的边框效果进行自定义修改，还可以使用【边框】下拉列表中的项目来自定义边框效果，如果选择【边框】|【边框和底纹】命令，还能打开【边框和底纹】对话框，在其中可以对表格中的边框和底纹效果进行详细的自定义设置。

图 2.23　表格的【设计】选项卡

  任务实施

1. 表格样式套用

单击表格左上角的小按钮，选中整个表格。在【设计】选项卡的预定义样式列表中选择如图 2.24 所示的样式，将其套用至表格上。

图 2.24　表格样式套用

2. 绘制斜线表头

根据所套用的表格样式，在【设计】选项卡的【边框】区域，将笔颜色设置为"淡蓝色"，将线条粗细设置为"0.25 磅"，使用【边框刷】，在表格第 1 行第 1 列的单元格中绘制一条"斜下框线"，令其中的两行文字分别位于斜线的两方。

3. 绘制粗框线

根据所套用的表格样式，在【设计】选项卡的【边框】区域，将笔颜色设置为"深蓝色"，将线条粗细设置为"3 磅"，然后使用【边框刷】，绘制表格第 1 行第 6~12 列中下面单元格的上框线。

2.3　毕业论文排版

毕业论文是大学生在离校前必须要完成的一份具有特定专业价值的学术文章，是对大学期间学习成果的综合性总结。毕业论文除了要具备内在的专业性与学术性，也需要具备外在的美观性与可读性。同样是毕业论文，为什么有的人排版出来就干净清爽、赏心悦目，有的人排版出来就结构混乱、不忍目睹呢？这节课我们就来讲解论文的排版方法与技巧。

2.3.1　样式实现快速排版

  任务描述

如图 2.25 和图 2.26 所示，完成论文中相关样式的创建及应用。

第 2 章　Word 图文处理

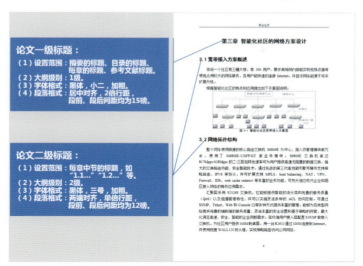

图 2.25　论文格式要求 1

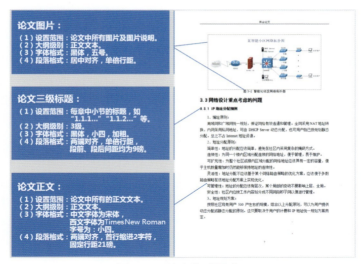

图 2.26　论文格式要求 2

👉 **相关知识**

1. 论文结构介绍

根据论文类型的不同，其基本结构也会有所区别。此处以毕业论文为例，介绍论文的基本结构。毕业论文一般包括如下几个部分。

（1）封面：其中包括论文的篇名、作者等信息。

（2）摘要：概括整篇论文的内容。

（3）关键词：便于他人对论文进行检索。

（4）目录：对论文内容的索引。

（5）论文主体：在论文主体中，根据文字身份的不同，又可以将其分为"一级标题""二级标题""三级标题""论文正文"等，不同身份的文字，使用不同的格式以示区别。

（6）参考文献：论文写作中参考借鉴过的文献。

2．样式

在前面讲解的文档排版案例中，主要是采用命令、菜单、对话框对选定的文字内容进行格式设置，或使用格式刷快速复制格式。对于包含多种文字身份的长篇论文来说，如果还用这些方法排版，就会感觉很烦琐，而且论文中的一点改动都有可能牵扯全文。这时候可以利用样式来实现快速排版。

样式，就是一组单独命名的格式组合。在同一种样式中，可以包含字体格式的设置、段落格式的设置、项目符号的设置等。可以将文档中多处的文字套用同一种样式；通过修改样式就可以自动改变文档内所有套用了这种样式的文字格式。

3．大纲级别

大纲级别可以在段落格式中进行设置，其作用是为文档中的段落指定等级结构（1级至9级，正文文本）。在自动生成目录时，能够根据大纲级别生成不同层级的目录结构。指定了大纲级别后，可以在文档的【大纲视图】或【导航窗格】中查看和处理文档。

4．套用样式

选中文字，在【开始】选项卡的【样式】列表中选择需要的样式名称，单击，即可将其套用到文字上。

5．新建样式

如果系统预定义的样式不能满足文档需求，也可以新建样式。操作步骤如下：在【开始】选项卡中单击【样式】区域右下角的小箭头，打开【样式】任务窗格。在窗格中单击【新建样式】按钮，打开【根据格式设置创建新样式】对话框。在对话框的【属性】区域，可以设置样式的名称、类型、后续段落样式等属性。在对话框的【格式】区域可以设置样式的字体及段落格式，还可以单击对话框底部的【格式】按钮，在其中进行更为详细的格式设置。在对话框的底部，还可以选择是否将样式添加到样式库、是否自动更新等属性。

6．修改样式

对于系统预定义的样式或自己创建的样式，都能够进行修改。修改样式有两种方式：

（1）在Word【开始】选项卡的【样式】列表中，右击样式名称，在弹出的快捷菜单中选择【修改】命令，打开【修改样式】对话框，在对话框中可以详细修改样式的属性，单击【确定】按钮，则文档中所有套用此样式的文字格式都会被修改过来。

（2）选中套用了某种样式的一处文字，直接对其进行文字格式和段落格式的修改，完成后，在【样式】列表中右击该样式名称，在弹出的快捷菜单中选择【更新……以匹配所选内容】命令，那么文档中所有套用此样式的文字格式都会被修改过来。

第 2 章　Word 图文处理

 任务实施

1. 新建样式"论文一级标题"

（1）将光标置于论文正文开头处，在【开始】选项卡中单击【样式】区域右下角的小箭头，打开【样式】任务窗格，单击【新建样式】按钮，打开【根据格式设置创建新样式】对话框。

（2）在【根据格式设置创建新样式】对话框中，单击【格式】下拉按钮，在弹出的下拉列表中选择【字体】命令，打开【字体】对话框，将字体设置为"黑体"，字号设置为"小二"，字形设置为"加粗"。

（3）在【根据格式设置创建新样式】对话框中，单击【格式】下拉按钮，在弹出的下拉列表中选择【段落】命令，打开【段落】对话框，如图 2.27 所示，将段落的对齐方式设置为"居中"，大纲级别设置为"1 级"，行距设置为"2 倍行距"，将段前、段后间距均设置为"15 磅"。

（4）在【根据格式设置创建新样式】对话框中，将样式名称修改为"论文一级标题"，其他参数默认即可，如图 2.28 所示。

图 2.27　【段落】对话框

图 2.28　【根据格式设置创建新样式】对话框

2. 新建其他几种样式

按上述操作步骤，再按要求分别创建样式"论文二级标题""论文三级标题""论文图片""论文正文"。

3. 套用样式"论文正文"

因为论文正文占据文章的绝大部分，可以先给正文套用样式，再修改标题部分和图片部分的样式。

将光标置于论文正文的开始处，按 Ctrl+Shift+End 组合键，将论文（不包含封面）全部选中。在【开始】选项卡的【样式】列表中，单击样式名称【论文正文】，将全文都套用样式"论文正文"。

套用完样式后，发现图片都显示不全了，原因是"论文正文"样式中，对段落行距的设置值是"固定值"。此处先不用管它，在后面步骤针对图片的样式设置中，会把段落行距改成"单倍行距"，套用了图片的样式后，图片自然就会显示出来。

4. 套用其他几种样式

（1）在论文中，选择标题"摘要"，套用样式"论文一级标题"，再分别选择标题"目录""第一章……""第二章……""参考文献"等，按 F4 键重复上一步操作，套用样式"论文一级标题"。

（2）按上述操作步骤分别给各个节标题套用样式"论文二级标题"。

（3）按上述操作步骤分别给各个小节标题套用样式"论文三级标题"。

（4）按上述操作步骤分别给每个图片及其说明套用样式"论文图片"。

5. 使用【导航窗格】

在论文的编辑过程中，难免会进行多次的修改调整，甚至会牵动论文的总体结构，这时候可以采用 Word 的【导航窗格】，查看文档的大纲结构，及时修正错误。

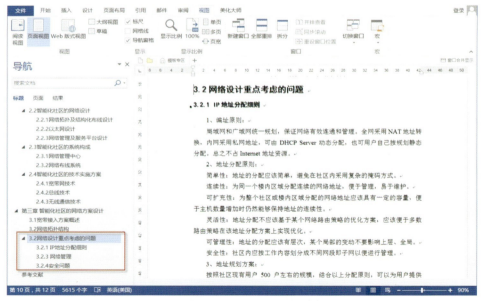

图 2.29　论文【导航窗格】

（1）在【视图】选项卡中，选中【导航窗格】复选框令其显示，在【导航窗格】中查看文档的整体结构，如图 2.29 所示。

（2）检查论文结构，发现论文第 3 章中，有两个编号为"3.2"的节，应该把第二个节的编号改成"3.3"，相应的其中的三个小节的编号也要做修改。

（3）单击【导航窗格】中第二个"3.2"节，光标会自动定位至该节标题处，修改其编号。同样的方法，再将其后的三个小节编号也改过来。

2.3.2 脚注和尾注的添加

 任务描述

（1）在论文第 2.1 节中，对文字"CATV"添加脚注："CATV 的全称为 Community Antenna Television，字面翻译为社区公共电视天线系统，国内一般指广电有线电视系统，或者广电有线电视网络。总之，都是与我们日常看到的有线电视有关的。"

（2）在论文第 2.2 节中，对文字"网络拓扑结构"添加脚注："网络拓扑结构是指网络中各个站点相互连接的形式，主要包括：总线形拓扑、星形拓扑、环形拓扑、树形拓扑以及混合形拓扑。"

相关知识

1.脚注和尾注介绍

（1）脚注：一般位于页面的底部，可以作为文档某处内容的注释。
（2）尾注：一般位于整篇文档的末尾，列出引文的出处等。

2.【引用】选项卡

如图 2.30 所示，使用【引用】选项卡，可以给文档添加目录、脚注尾注、引文与书目、题注、索引、引文目录等对象。

图 2.30 【引用】选项卡

3.脚注和尾注的添加

1）脚注的添加

将光标置于要添加注释的文字后面，在【引用】选项卡中，单击【插入脚注】按钮，即可在当前页面的底部出现一条横线，横线下面有脚注编号，在编号后输入注释内容即可。如果同一页添加多个脚注，每次出现的脚注编号会自动排序，默认情况下脚注编号为阿拉伯数字"1，2，3，…"。脚注添加后，在设置脚注的正文处，会出现一个类似上标的编号，每个编号就对应着页面底部的一条脚注内容。

2）尾注的添加

将光标置于要添加注释的文字后面，在【引用】选项卡中，如果单击【插入尾注】按钮，即可在文档结尾处出现一条横线，横线下面有尾注编号，在编号后输入注释内容即可。如果同一篇文档中要添加多个尾注，每次出现的尾注编号也会自动排序，默认情况下尾注编号为小写的罗马数字"i，ii，iii，……"。尾注添加后，在设置尾注的正文处，会出现一个类似上标的编号，每个编号就对应着文档尾部的一条尾注内容。

4. 脚注和尾注的编号修改

若想修改脚注和尾注的编号样式，只需在【引用】选项卡中单击【脚注】右下角的小箭头，打开【脚注和尾注】对话框，再修改设置脚注或尾注的编号样式、起始编号等属性即可。

5. 脚注和尾注的删除

若想删除脚注和尾注，只需在正文中找到它所对应的上标编号，将上标删除即可。

 任务实施

（1）在【导航窗格】中，单击节标题"2.1……"，将光标置于该节标题处，找到文字"CATV"，将光标置于文字后面，在【引用】选项卡中单击【插入脚注】按钮，在页面底部的编号"1"后面，输入文字即可。

（2）同样的方法，在第2.2节中，将光标置于文字"网络拓扑结构"后面，为其添加脚注。完成后，页面效果如图2.31所示。

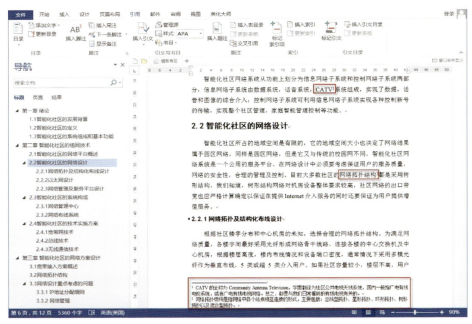

图2.31 添加脚注效果

第 2 章　Word 图文处理

2.3.3　文档分节设置

 任务描述

1. 论文的分节要求

论文中的每部分都要求单独呈一节，如封面、摘要、目录、第一章、第二章、第三章、参考文献，它们有不同的页眉页脚要求。

2. 各节的页眉和页脚要求

（1）封面中既不显示页眉，也不显示页码。封面效果如图 2.32 所示。

（2）摘要、目录、正文、参考文献，都要求在页眉中显示文字"毕业论文"。

（3）摘要部分，要求在页面底端居中显示页码，并用罗马数字"I，II，III…"编号。摘要效果如图 2.33 所示。

（4）目录部分，要求在页面底端居中显示页码，并用罗马数字"I，II，III…"编号。目录效果如图 2.34 所示。

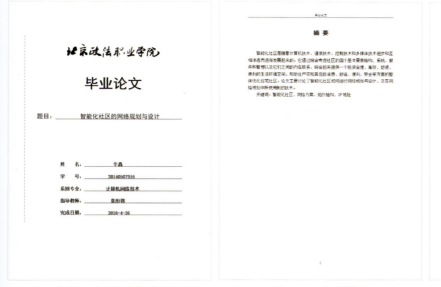

图 2.32　封面效果　　　　　图 2.33　摘要效果　　　　　图 2.34　目录效果

（5）正文、参考文献，都要求在页面底端居中显示页码，并用数字"1，2，3…"编号。

 相关知识

1. 文档分节介绍

在对长篇文档进行排版时，经常需要对同一个文档中的不同部分采用不同的版面设

37

置，例如，设置不同的页面方向、页边距、页眉、页脚等。这时，如果直接修改页面设置，会改变整个文档的页面效果。这种情况就必须对文档中的各个部分进行分节，然后才能在每一节中设置不同的版面效果。

2. 分节符的插入

将光标置于文档中每个部分的开头或结尾处，在【页面布局】选项卡的【页面设置】区域，单击【分隔符】的下拉按钮，在弹出的下拉列表中选择【下一页】命令，即可插入一个分节符。

3. 分节符的显示

选择【开始】|【段落】|【显示/隐藏编辑标记】命令，可以显示文档中所有的格式符号，在分节排版时尤其有用。

4. 分节页眉和页脚的设置

分节后，接着就要设置各节不同的页眉和页脚了。通常情况下，页眉和页脚都要遵循"从前向后"的顺序进行设置。

图2.35 【链接到前一条页眉】命令

（1）若要将前后两节的页眉设置成不同效果，就需要先设置前面一节的页眉，然后在后面一节页眉中，取消选择【设计】选项卡中的【链接到前一条页眉】命令，如图2.35所示，令其与前节页眉断开链接，然后单独设置后面一节的页眉效果即可。

（2）若要将前后两节的页码格式设置成不同效果，就需要先在前一节的页脚中添加页码，然后分别在每节页脚中右击页码，在弹出的快捷菜单中选择【设置页码格式】命令，在打开的【页码格式】对话框中详细设置页码效果即可。

 任务实施

1. 在论文中设置分节

（1）将光标置于一级标题文字"摘要"前面，在【页面布局】选项卡中单击【分隔符】的下拉按钮，在弹出的下拉列表中选择【下一页】命令，在该标题文字前插入一个分节符。

（2）在【开始】选项卡的【段落】区域，单击【显示/隐藏编辑标记】按钮，让文档中能够显示格式符号，便于查看。

（3）设置分节后，每一章的排版都不会影响后续章节的排版。因此，可以在论文每个一级标题的前面，也都添加一个分节符，令每一章都能单独排版。

（4）完成后查看文档，如果发现空白页面，就将其删除。

2. 设置各节的页眉和页脚

（1）将光标置于"摘要"页面，双击页眉位置，进入页眉和页脚编辑模式。在页眉和页脚的【设计】选项卡中，取消选中【奇偶页不同】复选框，令奇偶页中显示相同的页眉和页脚，再取消选择【链接到前一条页眉】命令，令其与"封面"的页眉断开链接。在页眉中输入文字"毕业论文"。完成后，可以看到从"摘要"页到最后的"参考文献"页的页眉都显示文字"毕业论文"。

（2）将光标移动至"摘要"页面的页脚，在【插入】选项卡中单击【页码】下拉按钮，在弹出的下拉列表中选择居中对齐方式。插入后，在该页的页码上右击，在弹出的快捷菜单中选择【设置页码格式】命令，打开【页码格式】对话框，如图2.36所示，设置该节页码的编号为罗马数字，起始页码为"I"。

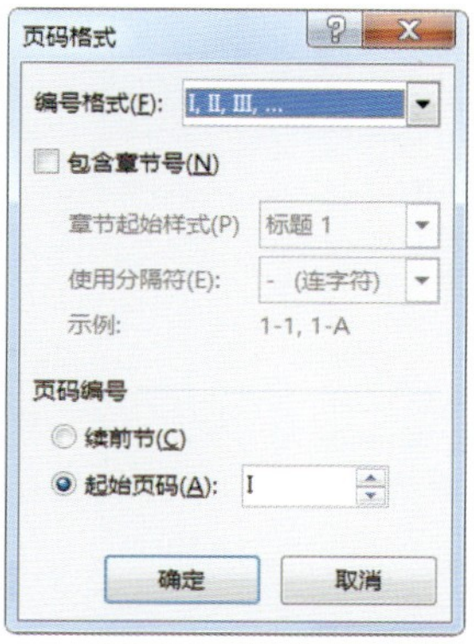

（3）将光标移动至"目录"页面的页脚，将其页码格式也设置为罗马数字编号，起始页码为"I"。

图 2.36 【页码格式】对话框

（4）正文与参考文献的页码一起编号，保持用阿拉伯数字，正文起始页码为"1"。

（5）返回"封面"页面的页脚，将其页码删除。

2.3.4 自动生成目录

任务描述

（1）论文目录要求系统自动生成。
（2）论文目录格式为"正式"，显示级别为"3"。
（3）将目录内容的文字格式设置为"黑体""小四""1.3倍行距"。

相关知识

1. 插入目录

论文中各种身份的文字被设置了不同的大纲级别后，就可以根据大纲级别自动生成论文目录了。在【引用】选项卡的【目录】区域，单击【目录】下拉按钮，在弹出的下拉列表中可以选择系统预定义的目录样式，也可以在下拉列表中选择【自定义目录】命令，在【目录】对话框中详细设置目录的样式。

2. 更新目录

目录生成以后，如果论文中的内容又进行了修改，那就可以在目录上右击，在弹出的快捷菜单中选择【更新目录】命令，打开【更新目录】对话框，根据情况选择【只更新页码】或【更新整个目录】命令。

任务实施

（1）将光标置于一级标题"目录"下面的空行中。在【引用】选项卡中单击【目录】下拉按钮，在弹出的下拉列表中选择【自定义目录】命令，打开【目录】对话框，如图2.37所示，将目录格式设置为"正式"，显示级别设置为"3"，单击【确定】按钮完成目录的插入。

图 2.37 【目录】对话框

(2)检查生成的目录,发现前面出现了"摘要"和"目录"项,原因是标题"摘要"和"目录"都套用了样式"论文一级标题"。如果不想让这两项出现在目录中,可以在论文中选中相应文字,右击,在弹出的快捷菜单中选择【段落】命令,在打开的【段落】对话框中将其大纲级别改为"正文文本"。然后在目录上右击,在弹出的快捷菜单中选择【更新目录】|【更新整个目录】命令,新生成的目录中,将不再出现"摘要"和"目录"项。

(3)选中所有目录内容,在【开始】选项卡的【字体】区域将字体设置为"黑体",将字号设置为"小四",在【段落】对话框中,将行距设置为"多倍行距",设置值为"1.3"。

2.4 邮件合并

日常工作生活中,经常需要批量处理这样一类文档:成绩通知单、会议邀请函、婚礼请柬、信封、准考证、考生桌签、超市价签、工资条等。如果采用传统手动处理方法,不仅会耗费大量的时间精力,而且不能够保证准确率和同步更新。而 Word 的邮件合并功能,能够帮助我们高效无误地完成此类工作。

每学期结束时,学校都需要将学生在校的学习情况告知家长,因此需要制作每个学生的成绩通知单。本节通过讲解批量生成成绩单的过程,让读者快速理解与掌握邮件合并功能的意义与使用方法,成品如图 2.38 所示,制作要求如图 2.39 所示。

图 2.38 批量生成的多页成绩通知单

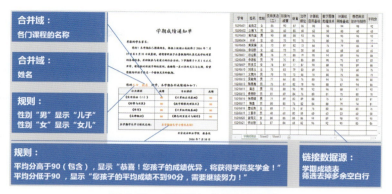

图 2.39　成绩通知单的制作要求

2.4.1　准备主文档和数据源

任务描述

在邮件合并前,需要先准备好主文档和要合并的数据源。

相关知识

1. 邮件合并

邮件合并的名称,最初是在批量处理邮件文档时提出的。但实际上,邮件合并功能除了能够批量制作信函、信封等和"邮件"有关的文档外,还可以批量制作邀请函、通知单、准考证、桌签、价签、工资条等多种文档,应用非常广泛。

2. 邮件合并的分类

根据邮件合并中主文档类型的不同,邮件合并可以分为如下几类。

(1)信函合并:适用于大多数普通打印文档的批量制作,如邀请函、通知书、请柬等。用信函合并方式批量生成的多页文档,每条记录之间都会自动分页。

(2)信封合并:适用于各类信封的批量制作。

(3)标签合并:适用于各类标签的批量制作,如超市价签、考生桌签、准考证等。

(4)目录合并:适用于各类目录文档的制作,如带有单独标题行的工资条等。用目录合并生成的文档,每条记录之间不进行分页。

(5)电子邮件合并:适用于电子邮件的批量发送。

3. 邮件合并涉及的文档对象

利用邮件合并功能批量制作的文档具有共同的特征,都涉及三类文档。

(1)主文档:包含重复的内容,如相同的文档结构、相同的排版样式。

(2)数据源:包含变化的数据,如针对不同对象有不同的称呼、成绩、情况等。

(3)合并文档:使用邮件合并功能,批量生成的多页文档。

4. 创建主文档与数据源

主文档就是 Word 文档。可以将主文档提前编辑排版好备用，也可以在邮件合并时临时创建，选择【邮件】|【创建】命令，可以根据需要新建信封或标签类型的主文档。

数据源一般为 Excel 数据表文件，也可以是其他类型的数据列表文件。数据源也可以提前备好或临时创建，建议提前准备好。

 任务实施

（1）准备主文档：如图 2.40 所示，制作 Word 文档"学期成绩通知单"，其中橙色文字是提示信息，这些文字将来是通过邮件合并功能生成的，此处可以不用输入，空出位置即可。

（2）准备数据源：如图 2.41 所示，制作 Excel 表格"学期成绩表"，包含学生的学号、姓名、性别、各科成绩及平均分等字段。

图 2.40 主文档　　　　　　　　　　图 2.41 数据源

2.4.2 在主文档中链接数据源

 任务描述

按照图 2.39 中的要求，将数据源"学期成绩表"链接到主文档"学期成绩通知单"中，并对数据源进行筛选，去除空白行。

相关知识

有了主文档和数据源，必须在主文档中链接数据源才能将数据导入，以便引用数据。

1. 选择邮件合并类型

在 Word 中打开制作好的主文档，选择【邮件】选项卡，如图 2.42 所示，单击【开始

图 2.42 【邮件】选项卡

邮件合并】下拉按钮,在弹出的下拉列表中根据主文档的类型选择邮件合并的类型;若不熟悉操作,可以选择【邮件合并分步向导】命令,在右侧出现的向导任务窗格中跟着向导一步步操作。若对操作熟悉,建议直接使用相应的命令按钮,这样操作起来更加灵活。

2. 链接数据源

单击【选择收件人】下拉按钮,在弹出的下拉列表中根据需要选择数据源类型。如果已经有制作好的数据源文件,只需选择【使用现有列表】命令,找到数据源所在的文件夹将其选中,单击【打开】按钮,打开【选择表格】对话框,在对话框中选择数据源所在的表格,保持选中【数据首行包含列标题】复选框,单击【确定】按钮,即可将数据源链接到主文档。

3. 数据排序与筛选

数据源与主文档链接成功之后,单击【编辑收件人列表】按钮才会变成可用状态。单击【编辑收件人列表】按钮,打开【邮件合并收件人】对话框,在对话框中可以对数据源进行排序、筛选等操作。

 任务实施

(1)在 Word 中打开主文档"学生成绩单"。

(2)选择【邮件】|【开始邮件合并】|【开始邮件合并】命令,在弹出的下拉列表中选择【信函】命令。

(3)选择【邮件】|【开始邮件合并】|【选择收件人】命令,在弹出的下拉列表中选择【使用现有列表】命令,找到给定的数据源文件,将其选中,单击【打开】按钮,打开【选择表格】对话框。如图 2.43 所示,在对话框中,选择工作表"学期成绩表",并保持选中【数据首行包含列标题】复选框,单击【确定】按钮,即可将数据源链接到主文档。

图 2.43 【选择表格】对话框

(4)选择【邮件】|【开始邮件合并】|【编辑收件人列表】命令,打开如图 2.44 所示的【邮件合并收件人】对话框中,选择【筛选】命令,打开【筛选和排序】对话框。

图 2.44 【邮件合并收件人】对话框

（5）如图 2.45 所示，在对话框中设置"学号"字段为"非空白"，去除表格中的空白数据行。

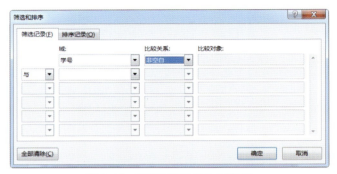

图 2.45 【筛选和排序】对话框

2.4.3 在主文档中插入合并域

任务描述

主文档链接数据源后，按照图 2.39 中的要求，在文档中的相应位置插入"姓名"、各科成绩等合并域。

相关知识

Word 域是一段代码（相当于 Excel 中的函数式），是引导 Word 在文档中自动插入文字、图形、页码和其他信息资料的一组代码。邮件合并中的"合并域"显示的是数据源的字段名，完成合并时，将被替换为字段的值。

插入合并域的方法：将光标定位在主文档中的相应位置，选择【邮件】|【编写和插入域】|【插入合并域】命令，在弹出的下拉列表中选择相应的合并域，将其插入主文档。当邮件合并完成后，主文档中的这些合并域会自动被替换成数据源中的真实数据。

任务实施

（1）在主文档中，将光标定位在"同学"前面，选择【邮件】|【编写和插入域】|【插入合并域】命令，在弹出的下拉列表中选择【姓名】命令，将合并域插入。

（2）用同样的方法，在每门课程对应成绩的位置插入相关的合并域。

2.4.4 在主文档中插入规则

任务描述

按照图 2.39 中的要求，利用邮件合并的规则，根据性别的不同，在相应的位置插入"儿子"或"女儿"。再根据平均分的不同，在相应的位置插入学习情况总结。

第 2 章　Word 图文处理

 相关知识

邮件合并中的规则可以来控制合并信息的方式。如果数据源中的字段值不是直接显示的信息，例如，数据源中有"性别"字段，但是主文档中却要求显示"男士"或"女士"。那就需要在主文档的相应位置插入规则。

任务实施

（1）在主文档中，将光标定位在"您的"后面，选择【邮件】|【编写和插入域】|【规则】命令，在弹出的下拉列表中选择【如果……那么……否则】命令。

图 2.46　规则设定

（2）如图 2.46 所示，在打开的【插入 Word 域：IF】对话框中设定规则，要求：当性别为"男"时，显示文字"儿子"，否则显示文字"女儿"。

（3）在主文档中，将光标定位在"本学期学习情况总结："右侧单元格，选择【邮件】|【编写和插入域】|【规则】命令，在弹出的下拉列表中选择【如果……那么……否则】命令。

（4）在打开的【插入 Word 域：IF】对话框中设定规则，要求：当平均分高于 90（包含）时，显示文字"恭喜！您孩子的成绩优异，将获得学院奖学金！"，否则显示文字"您孩子的平均成绩不到 90 分，需要继续努力！"。

2.4.5　合并记录

 任务描述

合并记录，查看并批量生成成绩通知单。

任务实施

（1）选择【邮件】|【预览结果】|【预览结果】命令，查看各条记录的显示效果。若有错误，再按前面步骤进行修改。

（2）保证数据准确无误后，在【完成】区域单击【完成并合并】下拉按钮，在弹出的下拉列表中选择【编辑单个文档】命令，打开如图 2.47 所示的【合并到新文档】对话框，将合并记录的范围设置为"全部"，单击【确定】按钮，Word 会自动创建一个合并后的新文档。

图 2.47　【合并到新文档】对话框

（3）查看合并生成的文档，可以看到每一份成绩通知单都已经单独分页。

第 3 章

Excel 数据表格

Excel 是微软公司开发的 Office 系列办公软件中的一个组件,是当今信息化办公中最常使用的电子表格软件之一,具有强大的数据统计与分析功能,可以进行各种数据的处理、统计分析和辅助决策操作,广泛地应用于管理、统计财经、金融等众多领域。

通过本章的学习,要求熟练掌握使用 Excel 软件创建各种电子表格;利用公式和函数对数据进行计算;能够对表格中的数据进行统计和分析;使用相关数据建立各种分析图表。

3.1 表格的基本操作与格式设置

本节主要完成创建工作簿和工作表,学习对表格进行格式设置,以及表格数据的输入技巧,完成制作如图 3.1 所示的"差旅费报表"的制作。

图 3.1 差旅费报表 1

第 3 章　Excel 数据表格

3.1.1　表格的制作与格式设置

任务描述

制作一张美观规范的表格是使用 Excel 的基础，本节制作如图 3.1 和图 3.2 所示的"差旅费报表"，掌握单元格的各种格式设置，包括边框、填充、合并，调整行高、列宽，插入图片、套用表格格式等操作。

图 3.2　差旅费报表 2

相关知识

1. 工作簿

工作簿就是 Excel 文件，其扩展名为".xlsx"，Excel 2003 以前的版本扩展名为 .xls。一个工作簿可以包含多个工作表，一个工作簿最多可以包含 255 个工作表。

2. 工作表

工作表也称电子表格，主要用来存储和处理数据，工作表由单元格组成，每个工作表都有一个名称，默认为 sheet1、sheet2……，用户通过单击工作表标签的方式在各个工作表之间快速切换。

3. 单元格

单元格是 Excel 中的最小单位，由交叉的行与列组成，Excel 中的单元格是通过其所在位置的行号和列号来命名的，称为"单元格地址"。

任务实施

（1）新建一个工作簿，命名为"差旅费报表"；在工作表 sheet1 上右击鼠标，在弹出的快捷菜单中选择【重命名】命令，将工作表重命名为"费用报表"。

（2）选中单元格区域 B2：D3，选择【开始】|【对齐方式】|【合并后居中】命令；

选中单元格区域 E2：L3，单击【合并后居中】下拉按钮，在弹出的下拉列表中选择【合并单元格】命令，以此类推，按图 3.1 所示将需合并的单元格合并完毕。

（3）调整表格列宽的方法有两种，可以选中要调整的列，选择【开始】|【单元格】|【格式】|【列宽】命令，将列宽设置为适当的宽度，也可以将鼠标指针至于列标处，当指针出现双向箭头时左右拖动鼠标来调整；行高的调整方式与之相同。(本例中，第 2、3 行行高为 25，5、7、9 行为 15，其余行适当调整)

（4）在合并后的 E2 单元格中输入"差旅费报表"，按图 3.2 所示，将表格其他文字部分填充完毕。选中 G12 单元格，右击，在弹出的快捷菜单中选择【设置单元格格式】命令，在打开的【设置单元格格式】对话框中选择【对齐】选项卡，在【文本控制】区域中选中【自动换行】复选框。第 16 行"汇总"行不需要输入。

（5）选中"差旅费报表"，选择【开始】|【字体】区域，将字体设置为"微软雅黑"，字号设置为"22"，字体颜色设置为白色；同样将其他文字按图 3.1 所示设置完毕。

（6）选中单元格区域 B2：L3，单击【开始】|【字体】|【填充颜色】下拉按钮，在弹出的下拉列表中设置颜色为"浅绿"；选中合并后的单元格区域 C5：E5，选择【开始】|【单元格】|【格式】|【设置单元格格式】命令，在打开的【设置单元格格式】对话框中选择【边框】选项卡，在【边框】选项卡中选择线条为"实线"，颜色为"黑色 50%"，预置选择"外边框"，单击【确定】按钮返回工作表，同样将其余边框设置完毕。

（7）选中区域 B12：K14，单击【开始】|【样式】|【套用表格格式】下拉按钮，在弹出的下拉列表中选择【表样式中等深浅 14】命令，在打开的【套用表格式】对话框中设置【表数据的来源】显示区域为 B12：L14，选中【表包含标题】复选框，单击【确定】按钮返回工作表。菜单栏出现【表格工具】|【设计】选项卡，在【表格样式选项】区域选中【汇总行】复选框，取消【筛选】按钮的勾选状态。

（8）单击汇总行各列的右侧下拉按钮，在弹出的下拉列表中选择【求和】命令，自动添加汇总行。

（9）选择【视图】|【显示】区域，取消选中【网格线】复选框。

（10）选择【插入】|【图片】将 logo 图片插入表格中，选中图片，在【格式】菜单的【大小】选项卡中设置高为 1.9，再将图片拖到合适位置。

3.1.2 数据的输入与填充

任务描述

完成"差旅费报表"的表格填写，在工作表中输入数值、文本、日期、会计等类型的数据，使用填充技巧批量输入数据。

相关知识

1. 数据类型

文本型数据：指字符或字符和数值的组合，可以是汉字、字母、数字及其他键盘输入的字符。文本型数据不能用来进行数学运算。

数值型数据：主要包括整数、小数、货币值、带千分位数、百分数、科学计数法等。

日期时间数据：表示一个日期或时间，日期的输入格式是"年 - 月 - 日"或"年 / 月 / 日"。Excel 会自动将日期和时间按照数字类型进行处理，其中日期表示当前日期距离 1900 年 1 月 1 日之间的天数，这就是为什么如果该单元格不是按日期格式输入日期则会显示成一个数字；时间数据被存储为 0.0-0.99999999 之间的小数，例如 12：00 被存储为 0.5，18：00 被存储为 0.75。由于时间和日期都是数字，因此可以利用公式和函数进行各种运算。

2. 输入数据

（1）输入正数：直接在单元格中输入数字，可省略"+"号。

（2）输入负数：在数字前面添加"–"号或直接输入带括号的数字，例如，（10）就表示"–10"。

（3）输入分数：由于分数格式与日期格式一致，所以在输入分数前添加"0"和"空格"后再输入分数。例如，"0 1/2"表示输入分数二分之一。

（4）输入文本型数据：字符数据可以直接输入，如果是将身份证号之类的数字作为文本来输入的，可以先输入一个英文的单引号，再输入数字，也可以在【设置单元格格式】对话框的【数字】选项卡中设置为"文本"。若要在同一个单元格内分段输入内容，则按 Alt+Enter 组合键来分段。

（5）输入日期时间数据：日期数据用"–""/"来间隔年月日，系统会自动识别为日期数据，以默认的"年 / 月 / 日"格式来显示；Excel 默认以 24 小时制来显示输入的时间，以"："来分隔小时、分钟和秒。

3. 设置数据格式

数据格式也可以在输入后再进行设置和修改，选中数据区域，右击，在弹出的快捷菜单中选择【设置单元格格式】命令或选择【开始】|【单元格】|【格式】|【设置单元格格式】命令，打开【设置单元格格式】对话框；在【数字】选项卡中设置数据格式，以及在右侧区域中选择该种数据格式的参数。

4. 填充数据

（1）重复数据的填充：先输入需要重复的起始数据并选中，将鼠标指针移动到选定区域的右下角，当其显示为"+"时，按住鼠标左键到结束单元格，释放鼠标完成填充。

（2）数据序列的填充：如果一行或一列数据为等差序列，则只需要输入前两项并选中，将鼠标指针移动到选定区域的右下角，当其显示为"+"时，按住鼠标左键到结束单元格，释放鼠标完成填充。如果为其他数

图 3.3 序列填充

图 3.4 【序列】对话框

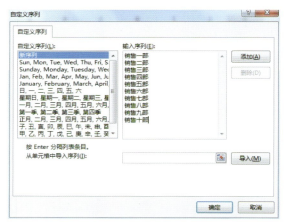

图 3.5 【自定义序列】对话框

据序列，则需要输入起始数据，按住鼠标右键进行填充，释放鼠标时弹出快捷菜单，选择适用的序列方式，如图 3.3 所示；也可以选择【序列】命令，在打开的【序列】对话框中做进一步设置，如图 3.4 所示。

（3）自定义序列填充：如果一行或一列数据为 Excel 自定义的序列，则只需要输入第一个数据并选中，将鼠标指针移动到选定区域的右下角，当其显示为"+"时，按住鼠标左键到结束单元格，释放鼠标完成填充。

当所需要填充的序列不在 Excel 自定义的序列中时，用户可以自行添加。选择【文件】|【选项】命令，在打开的【Excel 选项】对话框中选择【高级】命令，再在常规区域中单击【编辑自定义列表】按钮，在打开的【自定义序列】对话框中输入自定义的序列，如图 3.5 所示，单击【添加】按钮。

 任务实施

掌握各类型数据的输入方法和填充数据的技巧，完成"差旅费报表"内容的填报。

（1）在 B12 和 B13 单元格分别输入数据"1"和"2"，选中这两个单元格，将鼠标指针移动到选定区域的右下角，当其显示为"+"时，按住鼠标左键到结束单元格 B15，释放鼠标完成序号的填充。

（2）按图 3.6 所示将"差旅费报表"内容填写完毕，其中"日期"列采用日期的输入方式，用"/"或"-"来分隔年月日。

图 3.6 差旅费报表 3

（3）选中单元格区域 C13：C14，右击鼠标，在弹出的快捷菜单中选择【设置单元格格式】命令，在打开的【设置单元格格式】对话框中选择【数字】选项卡，在分类中选择"日期"，在类型中选择"*2012 年 3 月 14 日"；同样将表格中所有报销金额部分的数据分类设置为"货币",小数位数设置为"2",货币符号设置为"¥"。最终结果如图 3.1 所示。

3.2　数据处理与分析

Excel 具有强大的数据分析处理功能,利用排序、分类汇总、筛选等功能可以快速地整理与分析表格中的数据,及时发现与掌握数据的规律与发展趋势。本节主要学习数据分析的方法与技巧。

3.2.1　数据排序

 任务描述

为了方便查看表格中的数据,用户可以按照一定的顺序对表格中的数据进行排序,将工作表中的数据按照一定的规律进行显示。本节主要完成使用简单排序、复杂排序和自定义排序对"销售额统计表"的排序操作。

 相关知识

1. 简单排序

所谓简单排序就是设置单一条件进行排序,选择【数据】|【排序和筛选】区域中的【升序】和【降序】命令,对数据进行升序和降序排列。以 A 到 Z 或最小数到最大数;Z 到 A 或最大数到最小数排序。如果排序字段中出现了相同的内容,它们会保持原始的次序。

2. 复杂排序

如果在排序字段里出现相同的内容,数据会保持原始的次序;如果还需要对这些相同的内容进行排序,就要设置多个关键字进行排序了。选择【数据】|【排序和筛选】|【排序】命令,在打开的【排序】对话框中设置多个排序关键字,还可以选择按照"数值""单元格颜色""字体颜色"或"单元格图标"排序。

3. 自定义排序

数据除了可以按照大小和拼音字母顺序排序外,还可以按照既定的特殊顺序进行排序,如"部门""省份"等,所以可以通过创建自定义列表按用户定义的顺序进行排序。

 任务实施

掌握三种排序方式的操作和使用技巧。

1. 简单排序操作

按照"销售总额"升序排列。

(1)打开本节的原始文件"销售额统计表",将光标定位在"销售总额"列。

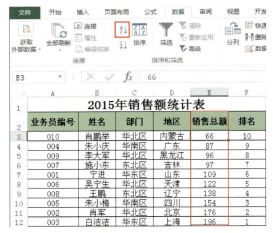

图 3.7 简单排序

（2）切换到【数据】选项卡，单击【排序和筛选】区域中的【升序】按钮，如图 3.7 所示。

2. 复杂排序操作

按照"地区"的拼音首字母对工作表数据进行升序排列，地区相同的按照销售总额进行降序排列。

（1）打开本节的原始文件"销售额统计表"，单击【数据】|【排序和筛选】|【排序】按钮。

（2）在打开的【排序】对话框中，先选中右上角的【数据包含标题】复选框；然后在【主要关键字】下拉列表中选择"地区"；在【排序依据】下拉列表中选择"数值"；在【次序】下拉列表中选择"升序"。

（3）单击【添加条件】按钮，此时可添加一组新的排序条件。在【次要关键字】下拉列表中选择"销售总额"；在【排序依据】下拉列表中选择"数值"，在【次序】下拉列表中选择"降序"，如图 3.8 所示，单击【确定】按钮返回工作表。

图 3.8 复杂排序

3. 自定义排序操作

按照"北京""天津""上海"三个直辖市排在前三位的自定义序列对工作表数据进行排序。

（1）单击【数据】|【排序和筛选】|【排序】按钮，打开【排序】对话框。

（2）单击【删除条件】按钮，删除上一练习中的【次要关键字】；在【主要关键字】下拉列表中选择"省份"；在【次序】下拉列表中选择"自定义序列"。

（3）在打开的【自定义序列】对话框中选择"新序列"命令；在【输入序列】文本框中输入"北京，天津，上海"；中间用英文半角状态下的逗号分隔，如图 3.9 所示。

（4）单击【添加】按钮，新定义的序列就添加在【自定义序列】中了。单击【确定】

按钮,返回【排序】对话框。在【次序】下拉列表中选择"北京,天津,上海",如图 3.10 所示,单击【确定】按钮,返回工作表。

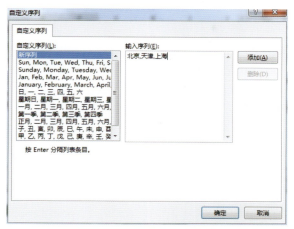

图 3.9 自定义序列

图 3.10 自定义排序

3.2.2 数据筛选

任务描述

筛选功能是为了在大量的数据信息中选出其中符合某种分类条件的数据,它能够缩小数据信息的范围和数量,提高数据处理的效率。本节主要完成使用"自动筛选""自定义筛选"和"高级筛选"实现对"销售额统计表"中数据的筛选操作。

相关知识

1. 自动筛选

自动筛选是一种简单快速的筛选,可以按列表值或格式进行筛选,筛选时只显示符合筛选条件的数据,不符合条件的数据会暂时隐藏起来。

2. 自定义筛选

用户可以对多个数据设置多个筛选条件进行筛选。各筛选条件之间的逻辑关系只能是"与"的关系。

3. 高级筛选

高级筛选一般用于条件复杂的筛选，各筛选条件之间的逻辑关系可以是"与"，也可以是"或"；筛选结果可以在原表中显示，也可以在指定的新位置显示，无须变动原始数据；高级筛选需要用户建立一个条件区域，用来设置筛选条件。

4. 条件区域

条件区域应在不包含筛选数据的区域建立，为了防止筛选时数据隐藏的影响，不建议建立在筛选数据左右方向。条件区域的第一行为需要筛选的字段名称，条件区域的第二行开始为筛选字段对应的筛选条件。

任务实施

掌握自动筛选、自定义筛选和高级筛选的操作和使用技巧。

1. 使用自动筛选

（1）使用"自动筛选"筛选出"华北区"的销售数据。

①打开本节的原始文件"销售额统计表"，将光标定位在数据区域中，单击【数据】|【排序和筛选】|【筛选】按钮进入筛选状态；这时，表格各标题字段的右侧会出现一个下拉按钮 ，如图 3.11 所示。

②单击标题字段【部门】右侧的下拉按钮，在弹出的下拉列表中只选中【华北区】复选框，取消其他地区的选中状态，如图 3.12 所示；单击【确定】按钮返回工作表，结果如图 3.13 所示。

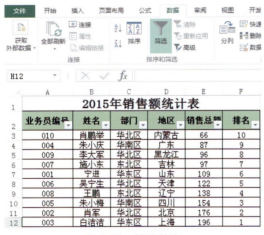

图 3.11　筛选状态

图 3.12　自动筛选

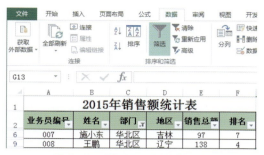

(2) 使用"自动筛选"筛选出"销售总额"高于平均值的数据。

①选择【数据】|【排序和筛选】|【清除】命令，撤销之前的筛选。

②单击标题字段【销售总额】右侧的下拉按钮，从弹出的下拉列表中选择【数字筛选】|【高于平均值】命令。

图 3.13　筛选出华北地区数据

2. 使用自定义筛选

使用"自定义筛选"筛选出"销售总额"大于 100 且小于 150 的数据。

(1) 单击【数据】|【排序和筛选】|【清除】命令，撤销之前的筛选。

(2) 选择标题字段【销售总额】右侧的下拉按钮，从弹出的下拉列表中选择【数字筛选】|【自定义筛选】命令。

(3) 在打开的【自定义自动筛选方式】对话框中设置筛选条件，如图 3.14 所示，单击【确定】按钮返回工作表。

3. 使用高级筛选

使用"高级筛选"筛选出"销售总额"大于 100 或者"排名"在前 10 位的数据。

(1) 选择【数据】|【排序和筛选】|【清除】命令，撤销之前的筛选。

(2) 在不包含数据的区域内建立一个条件区域，如图 3.15 所示。

图 3.14　自定义筛选

图 3.15　高级筛选

（3）将光标定位于数据区域中，选择【数据】|【排序和筛选】|【高级】命令。

（4）在打开的【高级筛选】对话框中，在【方式】区域中选中【将筛选结果复制到其他位置】单选按钮；单击【列表区域】右侧的折叠按钮，在工作表中选择列表区域A2：F12，选择完毕，单击右侧的展开按钮返回【高级筛选】对话框；用同样的方法设置条件区域为A15：B17，复制到区域为A19，即结果区域的最左上角单元格，如图3.15所示；单击【确定】按钮返回工作表。

拓展

条件区域中的筛选条件如果在同一行，条件之间为"且"的关系，筛选时必须同时满足；筛选条件如果在不同行，条件之间为"或"的关系，筛选时满足其一即可。

3.2.3 分类汇总

任务描述

本节主要完成使用"分类汇总"功能对"销售额统计表"数据进行统计分析。

相关知识

分类汇总是按照指定字段的内容进行分类，并对每类统计出相应的求和、求平均等计算结果。分类汇总功能可以快速地帮助用户分析统计数据。分类汇总中，"分类字段"用来设置分类汇总的字段依据，包含数据区域中的所有字段；"汇总方式"用来设置汇总函数，包含求和、求平均、最大值等11种函数；"汇总项"是进行汇总的数据列。

任务实施

1. 使用"分类汇总"统计各地区的销售总额

（1）分类汇总前，必须先对"分类字段"进行排序。将光标定位在"地区"一列中，选择【数据】|【排序和筛选】|【升序】命令。

图3.16 【分类汇总】对话框

（2）将光标定位在数据区域中，选择【数据】|【分级显示】|【分类汇总】命令。如果打开"Microsoft Excel无法确定当前列表或选定区域的哪一行包含列标签，因此不能执行此命令。"的提示框，可以重新选定数据区域再进行分类汇总操作。

（3）在打开的【分类汇总】对话框中，【分类字段】选择"部门"，【汇总方式】选择"求和"，【选定汇总项】选中【销售总额】复选框，再选中【汇总结果显示在数据下方】复选框，如图3.16所示。单击【确定】按钮返回工作表。

（4）结果如图3.17所示，在结果中可以通过左侧的分级显示按钮隐藏和显示明细数据，单击【一】按钮可以折叠数据，单击【+】按钮可以展开数据；【分级显示】区域上方的"1""2""3"三个按钮可以控制数据显示到哪个级别，如图 3.18 所示，就是将各地区的明细数据进行了隐藏，也可以使用【分级显示】区域中的【显示明细数据】和【隐藏明细数据】命令来控制数据的分级显示。

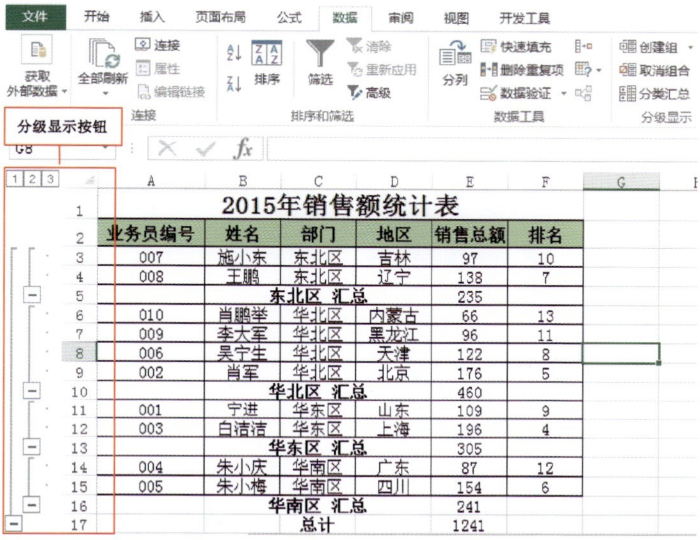

图 3.17　分类汇总结果

图 3.18　分级显示隐藏数据明细

2．删除"分类汇总"

（1）选择【分级显示】|【分类汇总】命令。

（2）在打开的【分类汇总】对话框中单击【全部删除】按钮，返回工作表，即可将之前创建的分类汇总全部删除。

3.2.4 合并计算

任务描述

本节主要完成使用"合并计算"功能将各月支出汇总到"一季度总支出"工作表中及将各月库存汇总到"总库存"工作表中，如图 3.19 和图 3.20 所示。

图 3.19　合并计算一季度支出

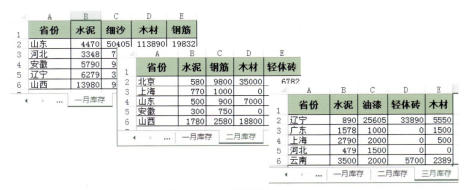

图 3.20　合并计算总库存

相关知识

1. 合并计算

合并计算主要用于对多个工作表中的数据进行计算汇总，合并计算可以将每个单独的工作表中的数据合并到一个工作表（或主工作表）中。要合并的工作表可以在主工作表中的同一个工作簿中，也可以在其他工作簿中。

2. 按位置进行合并计算

当多个源区域中的数据是按照相同的顺序排列并使用相同的行和列标签时，请使用此方法。例如，当一系列支出工作表都是根据同一模板创建时。

第 3 章　Excel 数据表格

3. 按分类进行合并计算

当多个源区域中的数据以不同的方式排列，但却使用相同的行和列标签时，请使用此方法。例如，当一系列的每月库存工作表都使用相同的布局，但每个工作表包含不同的项目或不同数量的项目时，可使用此方法。

 任务实施

掌握按位置和按分类进行合并计算的方法和技巧。

1. 按位置进行分类汇总

将"一月支出""二月支出""三月支出"汇总到"一季度总支出"工作表中。

（1）打开本节的原始文件"支出统计表"，将光标定位在"一季度总支出"工作表的 B2 单元格中；选择【数据】|【数据工具】|【合并计算】命令。

（2）在打开的【合并计算】对话框中，在【函数】下拉列表中选择"求和"命令；单击【引用位置】文本框右侧的折叠按钮。

（3）打开【合并计算 - 引用位置：】对话框，在"一月支出"工作表中选中单元格区域 B2：F6；单击文本右侧的展开按钮，返回【合并计算】对话框。

（4）单击【添加】按钮，将选中的区域添加到【所有引用位置】列表框中；使用同样的方法将"二月支出"工作表和"三月支出"工作表中的相同区域添加到【所有引用位置】列表框中，如图 3.21 所示。

（5）单击【确定】按钮返回工作表，即可看到合并计算后的结果，如图 3.22 所示。

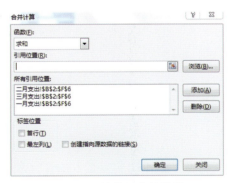

图 3.21　按位置合并计算　　　　图 3.22　按位置合并计算结果

2. 按分类进行分类汇总

将"一月库存""二月库存""三月库存"汇总到"总库存"工作表中。

当需要汇总的工作表具有相同的布局，但每个工作表包含不同的项目或不同数量的项目及项目的顺序不一致时，要使用按分类进行分类汇总。

（1）打开本节的原始文件"库存统计表"，将光标定位在"总库存"工作表的 A1 单

元格中；选择【数据】|【数据工具】|【合并计算】命令。

（2）在打开的【合并计算】对话框中，先用【删除】按钮删除之前添加到【所有引用位置】列表框中的引用。

（3）使用 1. 中的方法将各月工作表中的库存数据区域添加到【所有引用位置】列表框中。这里注意：一定要将每个工作表的行标题和列标题一起选中，并选中在【合并计算】对话框下方的【标签位置】区域中的【首行】复选框和【最左列】复选框，如图 3.23 所示。

（4）单击【确定】按钮返回工作表，即可看到汇总结果，如图 3.24 所示。

图 3.23　按分类合并计算

图 3.24　按分类合并计算的结果

3.3　公式与函数的使用

公式和函数是 Excel 的核心功能之一，熟练使用公式和函数可以极大地方便用户对数据进行处理和统计分析。本节主要学习在 Excel 中使用公式和函数进行数据的计算。

3.3.1　初识函数

 任务描述

本节主要通过使用公式或函数来完成"员工工资奖金"表中"实发数"的计算来了解什么是公式和函数，并掌握公式和函数的输入方法。

 相关知识

1. 公式

Excel 中的公式是以"="开头的，通过使用运算符将数据、函数等元素按一定顺序连接在一起，从而实现对数据执行计算的等式。公式可以包含运算符、单元格引用、值或字符串及函数等。

2. 函数

函数则是一种特殊的公式，是按特定算法执行计算的预定义的公式。

3. 输入公式和函数的方法

公式可以在单元格中直接输入，也可以在编辑栏中输入；函数可以使用【插入函数】按钮，通过【插入函数】对话框来输入，也可以直接在单元格或编辑栏中输入。当输入函数的第一个字母后，系统会自动列出所有以此字母开头的函数，用户可以使用鼠标点选来完成输入，称为公式记忆式键入。

4. SUM 函数

功能：计算单元格区域中所有数值的和。
语法表达式：=SUM(number1，number2，…)。
参数 number1 可以是值、单元格引用或区域。

任务实施

使用自定义公式来完成数据计算。

（1）打开本节的原始文件"员工工资奖金"表，首先确定实发数的计算方法，"实发数"="基本工资"+"奖金"+"津贴"。

（2）将光标定位在 K2 单元格中，在编辑栏中输入：=H2+I2+J2，按 Enter 键完成自定义公式的输入。其中，单元格地址 H2 可以输入也可以使用鼠标来选择，这里建议在输入公式和函数时，单元格地址由鼠标选择来完成输入。

（3）将鼠标指针定位在 K2 单元格的右下角，当其变成 + 形状时，按住鼠标左键向下拖曳到表格结尾，所有员工的实发数即被计算出来。也可以使用复制、粘贴操作来完成公式的复制，结果如图 3.25 所示。

图 3.25　输入自定义公式

（4）该计算也可以使用函数来完成，只需将公式替换成"=SUM(H2:J2)"即可。

3.3.2　单元格的引用方式

任务描述

本节主要完成使用公式计算"学生成绩"表中的总分和平均分，掌握相对引用、绝对引用和混合引用的区别和使用方法；掌握为单元格区域定义名称的方法。

相关知识

1. 单元格引用

在公式中通过单元格在工作表中的"地址"实现对单元格中数据的调用，这种方法称为单元格引用。

2. 相对引用

相对引用是当把含有单元格引用的公式复制到其他位置时，引用的单元格地址随公式的位置变化而变化，形式为 A1。

3. 绝对引用

绝对引用是当把含有单元格引用的公式复制到其他位置时，引用的单元格地址不随公式的位置变化而变化，形式为 $A$1。

4. 混合引用

混合引用是当把含有单元格引用的公式复制到其他位置时，引用的单元格行或列之一不随公式的位置变化而变化，形式为 $A1 或 A$1。

5. 定义名称

为了引用单元格更加方便和便于记忆，可以给单元格或单元格区域及常量等定义名称，使用时可以用名称代替抽象的单元区域。

6. average 函数

功能：求出所有参数的算术平均值。
语法表达式：average(number1,number2，…)。
参数 number1 为需要求平均值的数值、引用或单元格区域，最多可包含 255 个。

 任务实施

1. 使用相对引用

使用相对引用计算"学生成绩"表中的总分，使用定义的名称求语文和英语的平均分。

（1）打开本节的原始文件"学生成绩表"，在 D2 单元格中输入：=B2+C2，并将公式向下进行复制求出学生的总分。

（2）选中数据区域 B2：B7，选择【公式】|【定义的名称】|【定义名称】命令，打开【新建名称】对话框，在【名称】文本框中输入"语文"，如图 3.26 所示。单击【确定】按钮；同样为英语分的数据区域 C2：C7 定义名称为【英语】。

（3）在 B8 单元格中输入：=average(语文)；在 C8 单元格中输入：=average(英语)。求出语文和英语的平均分。

图 3.26 【新建名称】对话框

第 3 章 Excel 数据表格

（4）为了让使用者了解工作表中都使用了哪些公式，公式内容是什么，可以选择【公式】|【公式审核】|【显示公式】命令，结果如图 3.27 所示。

2. 使用绝对引用

使用绝对引用求出"员工补助表"中的补助小计。

打开本节的原始文件"员工补助表"，在 B3 单元格输入：=A3*$B$1，并将公式向下进行复制，求出员工的补助小计。结果如图 3.28 所示。

图 3.27　单元格引用　　　　　　图 3.28　绝对引用

3.3.3　常用函数的使用

任务描述

掌握 IF 函数、SUMIF 函数、COUNTIF 函数、RANK 函数等常用函数的使用，利用以上函数完成"员工工资奖金表"的填写。

相关知识

1. IF 函数

功能：根据指定条件的逻辑判断真假结果，返回相应的内容。

其语法表达式：IF(logical,value_if_true,value_if_false)。

参数 logical 代表逻辑判断表达式，value_if_true 表示当判断条件为"真"时返回的内容，value_if_false 表示当判断条件为"假"时返回的内容。当判断条件多于一个的时候，IF 函数可以嵌套使用，最多可以嵌套 64 个。

2. RANK 函数

功能：返回某一数值在一列数值中的相对于其他数值的排位。

语法表达式：RANK(number,ref,order)。

参数 number 代表需要排序的数值；ref 代表排序数值所在的单元格区域；order 代表排序方式参数，如果为"0"或忽略则表示降序排名，如果为非"0"值则表示升序排名。

3. COUNT 函数

功能：计算区域中包含数字的单元格个数。

其语法表达式为：COUNT(value1,value2，…)。

参数 value 可以包含或引用各种类型的数据，但只对数字类型的数据计数，参数最多可以有 255 个。类似的函数还有

COUNTA 函数：计算区域中非空单元格的个数。

COUNTBLANK 函数：计算区域中空单元格的个数。

4. COUNTIF 函数

功能：计算区域中满足指定条件的单元格数目。

语法表达式：COUNTIF(range,criteria)。

参数 range 为要计算单元格数目的区域，criteria 为以数字、表达式或文本形式定义的条件。COUNTIF 仅使用一个条件，如果要使用多个条件，请使用 COUNTIFS。空白单元格在计数时将被忽略。

5. SUMIF 函数

功能：对范围中符合指定条件的值求和。

语法表达式：SUMIF(range，criteria,sum_range)。

参数 range 为进行条件判断的单元格区域；criteria 为条件表达式；sum_range 为用于实际求和的单元格区域，如果省略则对条件判断的区域求和。

 任务实施

掌握几种常用函数的使用方法，完成"员工工资奖金表"的填写。

1. 使用 IF 函数

使用 IF 函数计算"奖金"，奖金发放标准：优秀—3000 元；良好—2500 元；合格—2000 元。

（1）打开本文的原始文件"员工工资奖金表"，将光标定位在 I2 单元格，输入公式：=IF(G2=" 优秀 ",3000,IF(G2=" 良好 ",2500,2000))，如图 3.29 所示。

图 3.29　IF 函数

（2）将鼠标指针定位在 I2 单元格右下角，当其变成＋形状时，按住鼠标左键向下拖曳，复制公式到 I12，完成员工奖金的计算。

2. 使用 RANK 函数

使用 RANK 函数计算员工工资实发数的"排名"。

（1）将光标定位在 L2 单元格，输入公式：=RANK(K2,$K$2:$K$12)。这里注意：为

了保证排名的区域不随公式位置变化而发生变化，排名区域使用绝对引用，如图 3.30 所示。

L2　=RANK(K2,$K$2:$K$12)

工号	部门	姓名	职位	性别	学历	考核结果	基本工资	奖金	津贴	实发数	排名
1987010043	后勤部	肖军	职员	女	研究生	合格	1000	2000	1180	4180	8
2002020126	市场部	白洁洁	职员	男	本科	良好	950	2500	1140	4590	
2006010427	市场部	朱小庆	主管	男	研究生	优秀	945	3000	1180	5125	

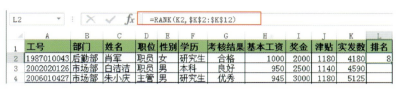

图 3.30　RANK 函数

（2）将鼠标指针定位在 L2 单元格右下角，当其变成 + 形状时，按住鼠标左键向下拖曳，复制公式到 L12，完成员工排名的计算。

3. 使用 COUNTIF 函数

使用 COUNTIF 函数统计员工考核情况。

（1）将光标定位在 O3 单元格，输入公式：=COUNTIF($G$2:$G$12,N3)，这里为了便于公式的复制，我们用 N3 单元格代替计数条件“优秀”，如图 3.31 所示。

O3　=COUNTIF($G$2:$G$12,N3)

职位	性别	学历	考核结果	基本工资	奖金	津贴	实发数	排名
职员	女	研究生	合格	1000	2000	1180	4180	8
职员	男	本科	良好	950	2500	1140	4590	4
主管	男	研究生	优秀	945	3000	1180	5125	1
助理	女	博士	合格	885	2000	1100	3985	9
司机	男	本科	合格	825	2000	1100	3925	11

考核情况统计表	
考核结果	人数
优秀	3
良好	
合格	

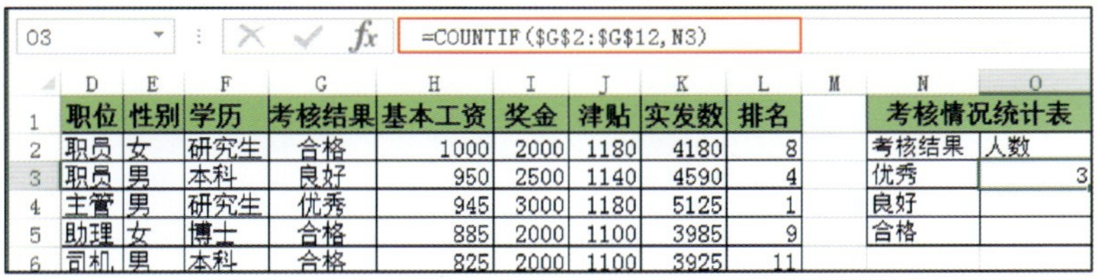

图 3.31　COUNTIF 函数

（2）将公式向下复制，完成考核情况统计。

4. 使用 SUMIF 函数

使用 SUMIF 函数统计各部门总奖金。

（1）将光标定位在 Q3 单元格，输入公式：=SUMIF($B$2:$B$12,P3,$I$2:$I$12)，这里同样为了公式的复制，SUMIF 函数的条件判断区域和实际求和区域使用绝对引用，如图 3.32 所示。

Q3　=SUMIF($B$2:$B$12,P3,$I$2:$I$12)

部门	姓名	职位	性别	学历	考核结果	基本工资	奖金	津贴	实发数	排名
后勤部	肖军	职员	女	研究生	合格	1000	2000	1180	4180	8
市场部	白洁洁	职员	男	本科	良好	950	2500	1140	4590	4
市场部	朱小庆	主管	男	研究生	优秀	945	3000	1180	5125	1
技术部	吴宁生	助理	女	博士	合格	885	2000	1100	3985	9
后勤部	李大军	司机	男	本科	合格	825	2000	1100	3925	11
财务部	王鹏	出纳	男	研究生	良好	895	2500	1140	4535	6

总奖金统计表	
部门	总奖金
后勤部	4000
市场部	
技术部	
财务部	

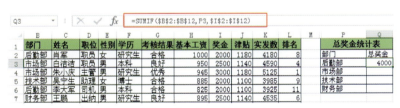

图 3.32　SUMIF 函数

（2）将公式向下复制，完成各部门总奖金的统计。

拓展

从 Excel 2010 版开始，RANK 函数扩展为了两个更精确的函数，RANK 函数依然兼容使用。

RANK.AVG：返回某数字在一列数字中相对于其他数值的大小排名，如多个数值排名相同，则返回平均值排名。

RANK.EQ：返回某数字在一列数字中相对于其他数值的大小排名，如多个数值排名相同，则返回最佳排名。

3.3.4 时间日期函数和文本函数的使用

任务描述

本节主要学习时间日期函数及文本函数的使用方法和技巧，完成如图 3.33 所示的“员工人事档案表”中相关信息的填写。

	A	B	C	D	E	F	G	H	I	J	K	L	M	N	O
1	员工人事档案表														
2					当前日期：										
3	工号	部门	新部门编码	姓名	职位	身份证号	性别	出生日期	年龄	民族	政治面貌	学历	入职时间	入职五周年纪念日	用户名
4	1987010043	hqb		肖军	职员	37250119770802XXXX	女			回	群众	研究生	2012/6/3		
5	2002020126	scb		白洁洁	职员	11022419851026XXXX	男			汉	群众	本科	2014/8/4		
6	2006010427	scb		朱小庆	主管	11011119820804XXXX	男			汉	中共党员	研究生	2010/4/20		

图 3.33 员工人事档案表

相关知识

时间日期函数是处理时间型或日期型数据的函数，常用的函数包括 TODAY、DATE、DAY、MONTH、DATEDIF 等函数；文本函数是用于在公式中处理字符的函数，主要包括 LEFT、RIGHT、MID、LOWER 等函数。表格中的一些数据用户可以从已有信息中提取或对已有数据进行加工，从而提高工作效率和数据的准确性。

1. TODAY 函数

功能：获取当前日期。

语法表达式：=TODAY（）。

2. NOW 函数

功能：获取当前日期和时间。

语法表达式：=NOW（）。

3. WEEKDAY 函数

功能：获取某日期的星期数，其语法表达式为：=WEEKDAY（serial_number，return_type）。

参数 serial_number 为要返回星期数的日期。参数 return_type 为返回值的类型，如果为 1 或省略，则 1~7 表示星期天到星期六；如果为 2，则 1~7 表示星期一到星期天，以此类推。

4. YEAR 函数、MONTH 函数、DAY 函数

功能：获取某日期的年、月、日。
语法表达式：=YEAR（日期），=MONTH（日期），=DAY（日期）。

5. DATE 函数

功能：返回在 Microsoft Excel 日期时间代码中代表的日期数字，一般用三个参数组合成日期形式。
语法表达式：=DATE（year,month,day）。

6. DATEDIF 函数

功能：计算两个日期之间的天数、月数或年数。
语法表达式：=DATEDIF（date1，date2，return_type）。
参数 date1 为开始日期；参数 date2 为结束日期；参数 return_type 为"Y"表示返回相差的"年"数，参数 return_type 为"M"表示返回相差的"月"数，参数 return_type 为"D"表示返回相差的"日"数。

7. LOWER 函数、UPPER 函数

功能：大小写字母转换。
语法表达式：LOWER(text) 将大写字母转换成小写字母，UPPER（text）将小写字母转换成大写字母。

8. LEFT 函数、RIGHT 函数

功能：提取指定位数的字符。
语法表达式：LEFT(text,num_chars) 从左向右提取字符，RIGHT(text,num_chars) 从右向左提取字符。
参数 text 为需要从中提取字符的字符串，参数 num_chars 为需要提取的字符个数。

9. MID 函数

功能：从指定位置从左向右提取字符。
语法表达式：MID(text,start_num,num_chars)。
参数 text 为需要从中提取字符的字符串；参数 start_num 为开始提取的字符数；参数 num_chars 为需要提取的字符个数。

 任务实施

掌握时间日期函数和文本函数的使用方法，完成"员工人事档案表"的填写。

1. 使用 TODAY 函数和 WEEKDAY 函数填写表格的当前日期

（1）打开本节的原始文件"员工人事档案表"，将光标定位在 E2，输入公式：=TODAY（）。

（2）将光标定位在 G2，输入公式：=WEEKDAY(E2,1)。

（3）G2 单元格默认会以 1~7 显示当前星期，我们可以通过【设置单元格格式】对话框中的【数字】选项卡，将【分类】设置为"日期"；【类型】设置为"星期三"，结果如图 3.34 所示。

图 3.34　TODAY 函数和 WEEKDAY 函数

2. 使用 DATE 函数和 MID 函数通过"身份证号"提取"出生日期"

（1）打开本节的原始文件"员工人事档案表"，将光标定位在 G4 单元格，输入公式：=DATE(MID(E4,7,4),MID(E4,11,2),MID(E4,13,2))，公式含义为从 E4 单元格即"身份证号"字符串中用 MID 函数从指定位置提取出出生日期中的年份、月份和日期；再用 DATE 函数将提取的字符串返回为日期格式，如图 3.35 所示。

图 3.35　通过身份证号提取出生日期

（2）将公式向下复制，完成出生日期的填写。

3. 使用 TODAY 函数和 DATEDIF 函数计算工龄

（1）将光标定位在 H4 单元格，输入公式：=DATEDIF(G4,TODAY(),"y")，公式含义为计算 G4 单元格即出生日期和当前日期相差的年数即当前年龄，如图 3.36 所示。

（2）将公式向下复制，完成出生日期的填写。

图 3.36　利用出生日期计算年龄

4. 使用 YEAR 函数、MONTH 函数和 DAY 函数填写入职纪念日

（1）将光标定位在 M4 单元格，输入公式：=DATE(YEAR(L4)+5,MONTH(L4),DAY(L4))，公式含义为从 L4 单元格即入职时间中提取出"年""月"和"日"的信息，并在"年"数据上加 5，再用 DATE 函数以日期形式返回结果，如图 3.37 所示。

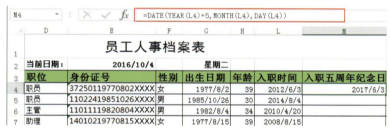

图 3.37　YEAR 函数、MONTH 函数和 DAY 函数的使用

（2）将公式向下复制，完成入职纪念日的填写。

5. 使用 RIGHT 函数从"员工工号"中提取后四位作为员工用户名

（1）将光标定位在 N4 单元格，输入公式：=RIGHT(A4,4)，公式含义为从 A4 单元格即"员工工号"中从右向左提取四个字符，如图 3.38 所示。

图 3.38　RIGHT 函数的使用

（2）将公式向下复制，完成用户名的填写。

6. 使用 UPPER 函数将部门编码转换成大写

（1）在"部门"类右侧插入空白列"新部门编码"列。

（2）将光标定位在 C4 单元格，输入公式：=UPPER(B4)，公式含义为将 B4 单元格即部门列文本转换为大写，如图 3.39 所示。

（3）将公式向下复制，完成新部门编码的填写。

图 3.39　UPPER 函数的使用

3.3.5　查询函数

任务描述

查询函数（VLOOKUP）是 Excel 中的重要函数之一，用于在数据清单中查找特定数值。本节主要学习使用 VLOOKUP 函数来实现员工信息的查询，制作一个"员工信息查询表"，通过输入员工工号来查询员工的信息，如图 3.40 所示。

图 3.40　员工信息查询表

相关知识

VLOOKUP 函数功能：搜索某个单元格区域的第一列，然后返回该区域相同行上指定列数单元格中的值。

语法表达式：VLOOKUP(lookup_value,table_array,col_index_num,range_lookup)。

参数 lookup_value 为需要查询的数值；table_array 为需要在其中查询数据的区域；col_index_num 为需要返回值的列序号；range_lookup 为逻辑值，如果为 true 或省略，则为近似查询，如果找不到精确匹配值，则查询小于查询值的最大值，查询的首列则必须按升序排列，否则 VLOOKUP 可能无法返回正确的值；如果为 false，则为精确查询，如果找不到精确匹配值，则返回错误值 #N/A，如果查询的第一列中有两个或更多值与查询值匹配，则使用第一个找到的值。

任务实施

掌握 VLOOKUP 函数的使用方法，完成“员工信息查询表”的制作。

（1）要完成“员工信息查询表”的制作，首先要准备好一张含有员工信息的“员工信息表”，打开本节的原始文件“员工信息查询表”工作簿文件，单击工作表标签“员工信息表”，可以看到查询需要的数据源表，如图 3.41 所示。

	A	B	C	D	E	F	G	H	I	J	K	L
1	工号	部门	姓名	职位	身份证号	性别	出生日期	年龄	民族	政治面貌	学历	入职时间
2	1987010043	后勤部	肖军	职员	37250119770802XXXX	女	1977/8/2	39	回	群众	研究生	2012/6/3
3	2002020126	市场部	白洁洁	职员	11022419851026XXXX	男	1985/10/26	30	汉	群众	本科	2014/8/4
4	2006010427	市场部	朱小庆	主管	11011119820804XXXX	男	1982/8/4	34	汉	中共党员	研究生	2010/4/20
5	2006020439	技术部	吴宁生	助理	14010219770815XXXX	女	1977/8/15	39	汉	中共党员	博士	2008/8/15

员工信息查询表　员工信息表

图 3.41　员工信息表

（2）将光标定位在“员工信息查询表”的 B3 单元格，输入公式：=IF($A$3="","",VLOOKUP($A$3, 员工信息表 !$A$1:$L$12,2,FALSE))，公式含义为如果 A3 单元格即查询的工号单元格为空，则公式结果为空；如果 A3 单元格不为空，则通过 VLOOKUP 查询函数在 sheet1 表的 A1：L12 区域的首行查找 A3 单元格中的工号，并返回匹配行第 2 列即部门信息所在列的信息，如图 3.42 所示，这里选择精确匹配。

B3　=IF($A$3="","",VLOOKUP($A$3,员工信息表!$A$1:$L$12,2,FALSE))

	A	B	C	D	E	F	G	H	I
1	员工信息查询								
2	工号	部门	姓名	职位	性别	年龄	民族	政治面貌	学历
3	2006010427	市场部							

图 3.42　VLOOKUP 查询函数的使用

（3）将公式向右复制，由于姓名信息在查询区域表格的第 3 列，所以要将 C3 单元格中 VLOOKUP 函数的返回值列号参数修改为 3，以此类推，修改所有公式，结果如图 3.43 所示。

I3　=IF($A$3="","",VLOOKUP($A$3,员工信息表!$A$1:$L$12,11,FALSE))

	A	B	C	D	E	F	G	H	I
1	员工信息查询								
2	工号	部门	姓名	职位	性别	年龄	民族	政治面貌	学历
3	2006010427	市场部	朱小庆	主管	男	34	汉	中共党员	研究生

图 3.43　员工信息查询表结果

拓展

查询函数家族中还包括与 VLOOKUP 功能类似的 HLOOKUP 函数，其功能是搜索某个单元格区域的第一行，然后返回该区域相同列上指定行数单元格中的值，其语法表达式与 VLOOKUP 函数类似。

当搜索值位于查询数据表的首行时,使用 HLOOKUP 函数;当搜索值位于查询数据表的首列时,使用 VLOOKUP 函数。

3.4 图表与数据透视表

图表可以将数据更直观地显示出来,从而更直接地反映数据之间的关系与变化趋势,通过 Excel 用户可以轻松地创建具有专业外观的图表。本节主要学习图表的创建与编辑,动态图表的创建,以及数据透视表及数据透视图的建立和使用。

3.4.1 图表与迷你图的创建

 任务描述

创建图表是将单元格区域中的数据以图表的形式进行显示,不同的数据类型应选择不同的图表类型。本节主要完成使用"地区销售统计表"中的数据,如图 3.44 所示,创建"地区销售统计图"并进行格式设置。

图 3.44 地区销售统计表

 相关知识

1. 图表类型的选择

创建图表时,应根据不同的表格用途选择合适的图表类型。
(1)柱形图适用于相同时间段内不同项目之间的差异。
(2)折线图适用于显示在相等时间间隔下数据的趋势。
(3)饼图适用于显示组成数据系列的项目总和中各项所占的比例。
(4)条形图类似于柱形图,主要强调各个数据项之间的差别。
(5)面积图强调数量随时间变化的程度,可以引起人们对总趋势的注意。
(6)环形图与饼图类似,也适用于显示部分与整体的关系,但是环形图可以表示多个数据系列,每一个环代表一个数据系列。
(7)曲面图适用于寻找两组数据之间的最佳组合。

2. 迷你图

迷你图是放置在单个单元格中的小型图,每个迷你图代表所选内容中的一行数据。

第 3 章　Excel 数据表格

任务实施

1."地区销售统计图"的创建

(1) 打开本节原始文件"地区销售统计表",选中数据区域 A1:G10。

(2) 选择【插入】|【图表】|【推荐的图表】命令或直接在【图表】区域选择一种图表类型。

(3) 在打开的【图表 类型】对话框中用户可以选择一种合适的图表类型,并可以在预览中查看效果,这里我们选择"堆积柱形图",单击【确定】按钮返回工作表,如图 3.45 所示。

2."地区销售"迷你图的创建

(1) 选中"地区销售统计表"中的数据区域 A2:G10。

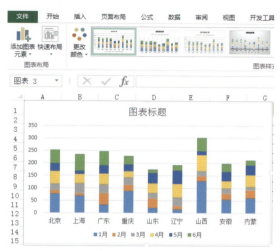

图 3.45　创建图表

(2) 选择【插入】|【迷你图】|【折线图】命令。

(3) 在打开的【创建迷你图】对话框中,单击【选择放置迷你图的位置】右侧的折叠按钮,选择区域 H2:H10,单击展开按钮返回对话框,如图 3.46 所示;单击【确定】按钮返回工作表,结果如图 3.47 所示。

	A	B	C	D	E	F	G	H
1	地区	1月	2月	3月	4月	5月	6月	地区销售趋势
2	北京	78	14	26	49	33	54	
3	上海	69	10	41	35	15	65	
4	广东	34	45	37	41	35	56	
5	重庆	90	24	29	25	27	35	
6	山东	22	38	22	37	43	14	
7	辽宁	15	15	33	54	54	22	
8	山西	130	20	19	65	15	54	
9	安徽	55	25	22	28	37	32	
10	内蒙	61	33	14	45	40	20	

图 3.46　创建迷你图对话框　　　　图 3.47　迷你图结果

3.4.2　图表的编辑

任务描述

创建如图 3.45 所示的"地区销售统计"图表后,用户还可以设置图表布局,包括调整图表大小和位置、更改图表类型、设计图表样式等。

相关知识

选中图表后,在 Excel 的菜单栏中会出现【设计】选项卡和【格式】选项卡。在【设

计】选项卡中可以修改"图表布局""图表样式""图表数据"和"图表类型"及"图表位置"。在【格式】选项卡中可以修改图表各个区域的"填充""边框""效果""系列选项"等。其中图表的各个组成元素除了可以使用鼠标在图表中选择以外，还可以选择【格式】|【当前所选内容】|【图表元素】命令更准确地选择。

 任务实施

掌握图表格式的各种修改方法，对图表进行格式设置和美化。

1. 图表大小和位置的调整

（1）选中图表，将鼠标指针移动到图表四周的控点，按住鼠标左键上、下、左、右拖动来完成图表大小的修改，或通过【格式】|【大小】命令来精确调整图表大小。

（2）将鼠标指针移动到要调整位置的图表上，按住鼠标左键不放，拖动图表，到合适的位置释放鼠标即可调整图表位置；如需要将图表放置到新建工作表中，则需要选择【设计】|【位置】|【移动图表】命令，在打开的【移动图表】对话框中选中【新工作表】单选按钮，则图表将移动到新建工作表中。

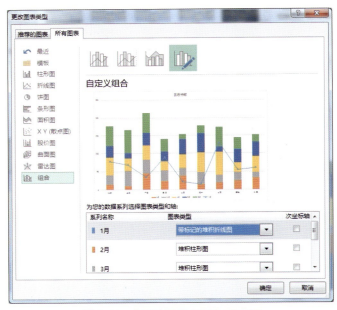

图 3.48 【更改图表类型】对话框

2. 图表类型的更改

（1）选中已有图表，选择【设计】|【更改图表类型】命令；也可以在数据系列中右击，在弹出的快捷菜单中选择【更改图表类型】命令，在打开的【更改图表类型】对话框中选择其他图表类型。

（2）当不同的数据系列需要应用不同的图表类型时，在【更改图表类型】对话框中选择【组合】命令，可以为不同的数据系列选择不同的图表类型，如图 3.48 所示。

3. 图表布局的修改

（1）选中"地区销售统计表"，选择【设计】|【图表布局】|【快速布局】命令，在弹出的下拉列表中选择【布局 5】命令，可以快速套用系统定义的布局形式，如图 3.49 所示。

（2）还可以选择【设计】|【图表布局】|【添加图表元素】命令来修改图表布局。例如，在图 3.50 中选择【设计】|【图表布局】|【添加图表元素】|【网格线】|【主轴主要网格线】命令来添加主轴的网格线。

第 3 章　Excel 数据表格

图 3.49　快速布局

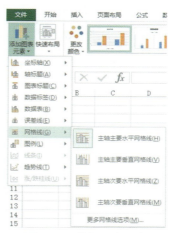

图 3.50　添加图表元素

4．图表样式的更改

（1）选中已有图表，选择【设计】|【图表样式】|【样式 8】命令来快速应用系统样式，如图 3.51 所示。

图 3.51　应用图表样式

（2）还可以单击【更改颜色】下拉按钮来更换图表的配色，如图 3.52 所示。

5．图表格式的更改

（1）可以对图表的标题、图例、图表区域、数据系列、绘图区、坐标轴、网格线等项目进行格式设置。

（2）选中需要进行格式设置的图表项目，选择菜单栏出现的【格式】选项卡，通过【格式】选项卡可以设置图表的"形状样式""艺术字样式""排列""大小"等，如图 3.53 所示。

（3）也可以在需要进行格式设置的项目上右击，在弹出的快捷菜单中选择【设置格式】命令，在打开的【设置格式】对话框中可以对该项目的"填充""边框""效果""对齐方式""系列选项""坐标轴选项"等进行格式设置，如图 3.54 所示。

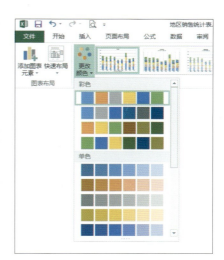

图 3.52　更改图表颜色

75

图 3.53 【格式】选项卡

图 3.54 设置图表格式

3.4.3 动态图表的制作

任务描述

动态图表具有更好的交互性和可视性，广泛地应用于各类统计图表中，本节将学习使用 INDEX 函数来创建"地区销售统计"动态图表。

第 3 章　Excel 数据表格

 相关知识

1. INDEX 函数

功能：返回表或区域中的（指定行或列的）值或对值的引用。

语法表达式：INDEX(array，row_num，column_num)。

参数 array 为单元格区域或数组常数；参数 row_num 为数组中某行的行序号，函数从该行返回数值。如果省略 row_num，则必须有 column_num；参数 column_num 是数组中某列的列序号，函数从该列返回数值。如果省略 column_num，则必须有 row_num。

2. Excel 开发工具选项卡

默认情况下 Excel 菜单栏中是没有【开发工具】选项卡的，需要用户选择【文件】|【选项】命令打开【Excel 选项】对话框，在【自定义功能区】中选中【开发工具】复选框。

 任务实施

动态图表有多种制作方法，本节主要介绍使用 INDEX 函数来创建动态图表的方法，完成创建"地区销售统计图"的建立。

（1）打开本节原始文件"地区销售统计表"，将光标定位在 A12 单元格，输入公式：=INDEX(A2:A10,$A$11)，公式含义为从数据区域 A2: A10 中返回 A11 单元格中数据表示的行号的数据，如图 3.55 所示。将公式向右复制到 G12 单元格。

（2）如图 3.56 所示，选择【开发工具】|【控件】|【插入】|【表单控件】|【组合框】命令。

图 3.55　使用 INDEX 函数创建动态图表

图 3.56　插入【组合框】控件

（3）在工作表中插入一个【组合框】控件；右击该组合框，在弹出的快捷菜单中选择【设置控件格式】命令，打开【设置控件格式】对话框，在打开的【设置对象格式】对话框中的【控制】选项卡中，将【数据源区域】设置为数据区域 A2:A10；将【单元格链接】设置为 A11 单元格，如图 3.57 所示。

（4）单击组合框的下拉按钮，可以看到列表中显示为"各地区销售表"中的地区信息，选择某一地区，A12 单元格会按地区在表格中的顺序显示 1~9 的数字，INDEX 函数也返回该地区在表格中的数据，如图 3.58 所示。

图 3.57　设置控件格式

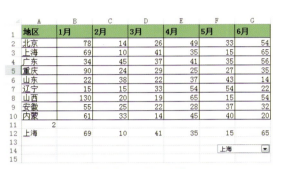

图 3.58　控件效果

（5）选中 A12:G12 区域，绘制柱形图；将【组合框】控件移动到绘制的图表区适当位置，可在图表区右击，在弹出的快捷菜单中选择【置于底层】命令，防止图表遮盖组合框控件，结果如图 3.59 所示，单击组合框的下拉按钮，在弹出的下拉列表中可以选择某一地区来实现图表的动态显示。

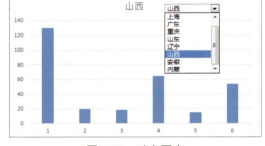

图 3.59　动态图表

3.4.4　数据透视表的创建

任务描述

为"报销明细表"（图 3.60）创建数据透视表，通过数据透视表分析报销数据。通过本书的学习，应掌握数据透视表的创建和使用以及数据透视表的各类设置。

	A	B	C	D	E	F	G	H	I	J
1	报销时间	部门	姓名	机票	地面交通	住宿	会议费	餐费	培训费	办公用品
2	2015/3/1	后勤部	李大军	¥3,500.00	¥850.00	¥1,500.00	¥800.00	¥400.00		¥400.00
3	2015/3/7	培训部	宁进	¥3,000.00	¥1,100.00	¥450.00	¥35,000.00	¥300.00	¥0.00	¥100.00
4	2015/4/1	后勤部	李大军	¥0.00	¥900.00	¥1,000.00	¥5,000.00	¥0.00	¥0.00	¥50.00
5	2015/4/8	财务部	朱小梅	¥2,500.00	¥2,680.00	¥800.00	¥600.00	¥500.00	¥25,000.00	¥90.00
6	2015/4/23	后勤部	王鹏		¥500.00	¥3,500.00	¥500.00	¥1,500.00	¥3,400.00	¥190.00

图 3.60　报销明细表

第 3 章 Excel 数据表格

 相关知识

1. 数据透视表

数据透视表是一种交互性的报表，通过使用数据透视表可以使杂乱无章或庞大的数据快速有序地按要求显示出来，是 Excel 最主要的数据分析工具。它具有以下功能：通过多种用户友好的方式查询数据；对数值数据进行分类汇总和聚合，可以按分类对数据进行汇总，创建自定义计算和公式；展开或折叠明细数据；对数据集进行筛选、排序、条件格式设置等。

2. 数据透视表源数据的基本要求

创建数据透视表，首先要有源数据，用户在开始创建源数据时最好遵循以下几点要求：
（1）每一列都有标题且标题无重复，没有多行标题。
（2）同一列为同一数据类型，各列数据格式规范统一。
（3）没有合并单元格。
（4）各记录之间没有空行。
（5）记录中没有小计、合计行。
（6）表格尽量纵向发展。

 任务实施

1. 创建"报销明细"数据透视表，统计不同部门员工的报销情况

（1）打开本节原始文件"报销明细表"，选择"报销明细表 1"；选择【插入】|【数据透视表】|【数据透视表】命令，在打开的【创建数据透视表】对话框中，在【选择一个表或区域】中，用鼠标选中数据区域 A1：J26；在【选择放置数据透视表的位置】中选中【新工作表】单选按钮，如图 3.61 所示。

（2）在新建的工作表中出现【数据透视表字段】任务窗格，将【选择要添加到报表的字段】中的【部门】字段拖曳到下方的【筛选器】区域中，这里在【部门】字段上按住鼠标左键拖动到【筛选器】区域，释放鼠标即可；同样将【姓名】字段放置到【行】区域；

图 3.61 【创建数据透视表】对话框

图 3.62 按部门分析员工报销情况

图 3.63 【值字段设置】对话框

将需要进行汇总查看的各类报销类别字段放置到【值】区域，如图 3.62 所示。

（3）在完成创建的数据透视表中，在首行可以通过下拉列表来选择查看全体数据或某个部门的数据。

2．修改数据透视表字段名称和计算类型

（1）如果觉得默认的行字段名称"求和项：机票"不够直观，可在【数据透视表字段】任务窗格中的【值】区域中的【求和项：机票】下拉列表中选择【值字段设置】命令，在打开的【值字段设置】对话框中将【自定义名称】修改为"机票总额"。

（2）还可以修改字段的计算方式，例如，要统计机票报销的次数则修改为如图 3.63 所示。

3．修改数据透视表字段，按员工统计不同时段报销情况

（1）单击数据透视表区域，弹出【数据透视表字段】任务窗格，可以在其中修改之前的布局；将"姓名"字段放置在【筛选器】区域，将"报销时间"字段放置在【行】区域。图 3.64 所示为员工"朱小庆"不同时间的报销情况。

（2）可以在修改后的数据透视表的首行选择不同的员工，查看报销情况。

（3）一个字段还可以被多次放置到数据透视表字段【值】区域中。例如，将"机票"字段两次放置到【值】区域中，并将其中一个字段的计算方式修改为"计数"，结果如图 3.65 所示。

图 3.64　按员工统计报销情况

图 3.65　机票报销次数及金额数据透视表

4．修改透视表布局，按部门统计不同员工各时段的报销情况

（1）还可在"行"区域设置多个字段，修改【数据透视表字段】任务窗格，如图 3.66 所示。可以在数据透视表的"行标签"列看到"姓名"和该姓名下的"报销时间"，通过单击姓名左侧的展开、折叠按钮可以控制是否显示明细信息。

（2）如果该种显示方式不符合用户的常用习惯，可以选择【设计】|【报表布局】|

【以表格形式显示】命令来修改透视表的布局，还可以在【布局】|【分类汇总】和【总计】选项中选择是否显示各级别的求和信息。

（3）在透视表"姓名"列右击，在弹出的快捷菜单中选择【数据透视表选项】命令，打开【数据透视表选项】对话框，在【布局和格式】选项卡中选中【合并且居中排列带标签的单元格】复选框，如图3.67

图3.66 按部门统计不同员工各时段的报销情况

所示。单击【确定】按钮返回透视表，结果如图3.68所示，这更符合用户的使用习惯。

图3.67 【数据透视表选项】对话框

图3.68 数据透视表效果

5. 为"报销时间"创建分组，查看各部门按年度报销情况

（1）修改【数据透视表字段】任务窗格，如图3.69所示。

（2）在"报销时间"列右击，在弹出的快捷菜单中选择【创建组】命令，在打开的【组合】对话框的【步长】列表框中选择"年"，如图3.70所示，单击【确定】按钮返回透视表，结果如图3.71所示。

 拓展

如果用户需要以"报销类别"为筛选字段，则需要对源数据进行修改，将报销类别中的"机票""地面交通"等字段纵向排列在源数据中，定义该列字段名称为"报销类别"，如图3.72所示。所以，数据源表的形式也决定了透视表的使用。

图 3.69　按部门报销时间统计报销情况　　　　图 3.70　创建组

图 3.71　创建组数据透视表　　　　　　　图 3.72　数据源表

3.4.5　数据透视图的创建

 任务描述

为"员工报销统计表"创建数据透视图，通过数据透视图可以更方便地查看和比较数据，使数据更具有可视性。

 相关知识

数据透视图是在数据透视表的基础上以图形方式更直观、动态的展现数据透视表的数据，两者相互关联，在数据透视表或数据透视图中进行字段筛选都会引起两者的同时变化。

任务实施

掌握数据透视图的创建方法和技巧，创建"员工报销数据透视图"。

（1）打开本节的原始文件"报销明细表"，选择【插入】|【图表】|【数据透视图】|【数据透视图】命令，打开【创建数据透视图】对话框。【请选择要分析的数据】和【选择放

置数据透视图的位置】的设置方法与创建透视表相同，设置好后单击【确定】按钮。

（2）弹出【数据透视图字段】任务窗格，设置方法与【数据透视表字段】相同，这里将"部门"字段放置到【筛选器】区域，将"姓名"字段放置到【行】区域，将"机票""地面交通"和"住宿"字段放置到【值】区域，得到数据透视图如图 3.73 所示。

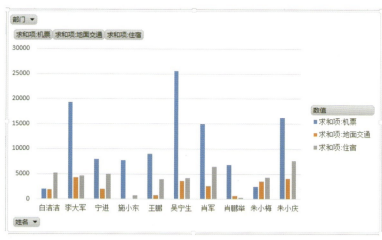

图 3.73　数据透视图

（3）用户可以单击数据透视图中的各个下拉按钮实现数据筛选，透视图则会随之动态显示。

3.5　数据工具的使用

数据工具包括数据验证、删除重复项、分列等，数据工具可以帮助我们简单快速地对数据进行处理，提高工作效率。

3.5.1　数据验证

任务描述

使用数据验证功能为"员工档案信息表"的"部门""学历"等字段添加下拉列表序列，通过下拉列表中的内容来填充数据，防止重复输入员工信息，指定"身份证号"位数为 18 位等要求，提高表格填写的正确率，避免非法数据的录入。

相关知识

数据验证是对单元格或单元格区域输入的数据从内容到数量上的限制。对于符合条件的数据，允许输入；对于不符合条件的数据，则禁止输入，避免错误的数据录入。

1. 序列的数据验证

序列的数据验证就是为单元格提供一个下拉列表，使用者通过选择列表中的内容进行表格的填写。序列的数据有效性适用于单元格的内容在固定的范围内的，并且需要经常重复录入的情况。

2. 圈释无效数据

数据验证有一个缺陷，就是对于复制、粘贴的内容不会自动判断是否重复，不过数据验证又提供了一种补救方法——圈释无效数据。数据复制、粘贴后，通过圈释无效数据功能可以将重复数据标示出来。

任务实施

掌握数据验证中使用序列填充表格，利用 COUNTIF 函数防止数据的重复录入，设置单元格内容的长度，圈释无效数据等使用技巧。

1. 为"员工档案信息表"中的"部门"列添加下拉列表序列

（1）打开本节的原始文件"员工档案信息表"，选中单元格 B3，选择【数据】|【数据工具】|【数据验证】|【数据验证】命令。

（2）在打开的【数据验证】对话框中，在【允许】下拉列表中选择"序列"命令；在【来源】文本框中输入"销售部,研发部,财务部,后勤部,培训部"，中间用半角的英文逗号分隔，如图 3.74 所示。

（3）单击【确定】按钮返回工作表，在 B3 单元格的右侧出现了一个下拉按钮，将鼠标指针定位在该单元格右下角，当其变成 + 形状时，按住鼠标左键向下拖动鼠标，到表格最后一行 B13，释放鼠标左键，"部门"列每个单元格右侧都会出现一个下拉按钮，单击下拉按钮，在弹出的下拉列表中选择部门即可完成表格的填写，如图 3.75 所示。

图 3.74 序列填充

图 3.75 序列填充结果

2. 为"员工档案信息表"中的"身份证号"列设置内容长度为 18 位

（1）选中"员工档案信息表"中的"身份证号"列 E 列，选择【数据】|【数据工具】|【数据验证】|【数据验证】命令。

（2）在打开的【数据验证】对话框中，在【允许】下拉列表中选择"文本长度"命令；

在【数据】下拉列表中选择“等于”命令；在【长度】文本框中输入“18”，如图 3.76 所示。

（3）单击【确定】按钮返回工作表，这时可以试验一下在“身份证号”列输入一个不等于 18 位的错误身份证号，系统会提示输入错误。

3. 为“员工档案信息表”中的“工号”列设置不能录入重复工号

（1）选中“员工档案信息表”中的“工号”列 A 列，选择【数据】|【数据工具】|【数据验证】|【数据验证】命令。

（2）在打开的【数据验证】对话框中，在【允许】下拉列表中选择“自定义”命令，在【公式】文本框中输入“=COUNTIF(A:A,A2)=1”，如图 3.77 所示。单击【确定】按钮返回工作表。

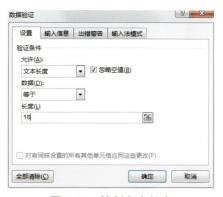

图 3.76 控制文本长度

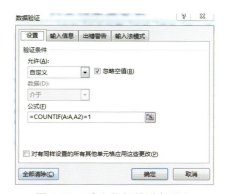

图 3.77 防止数据的重复录入

4. 圈释“员工档案信息表”中已录入的无效数据

（1）将员工“王鹏”的信息复制，然后在任意一行进行粘贴，此时数据验证不会对复制的数据验证是否重复，无法阻止数据的重复录入。

7	2007010451	财务部	李大军	司机	21092119780225XXXX
8	2009010712	后勤部	王鹏	出纳	23070319800824XXXX
9	2010020654	销售部	朱小梅	职员	37030619700920XXXX
10	2010020777	销售部	施小东	职员	23100219780905XXXX
11	2009010712	后勤部	王鹏	出纳	23070319800824XXXX
12	2012010927	培训部	肖鹏举	会计	15010419771210XXXX
13	2012010928	研发部	宁进	会计	37028319750227XXXX

图 3.78 圈释无效数据

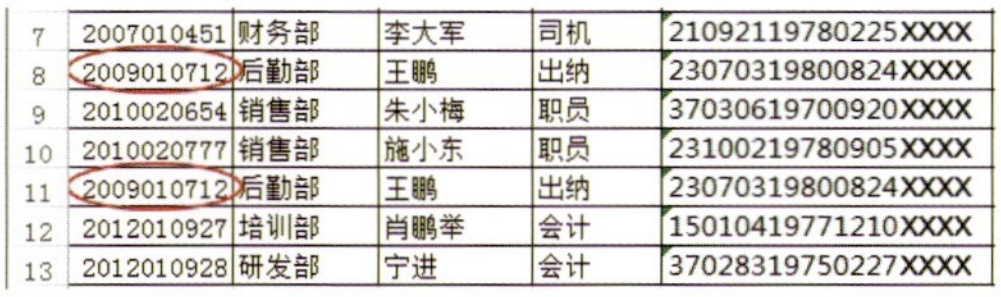

（2）选择【数据】|【数据工具】|【数据验证】|【圈释无效数据】命令，系统会用红圈标示出非法录入的数据，如图 3.78 所示。

（3）选择【数据验证】|【清除验证标示圈】命令可以撤销圈释。

3.5.2 删除重复项

任务描述

在处理 Excel 的原始数据时，由于统计和填写的问题经常会出现重复的数据，如果手工一条一条地去删除很浪费时间和精力,【数据工具】中的【删除重复项】功能可以帮助我们快速地删除重复的信息,提高工作效率,我们还可以使用【高级筛选】功能中的【选择不重复记录】来筛掉重复的信息。

 相关知识

1.【删除重复项】功能

删除重复项可以将海量数据中的重复数据找出来进行删除,如图3.79所示。

2. 重复信息的定义

我们可以定义所有字段都相同的信息为重复信息,例如,"员工信息表"中工号、姓名、部门、身份证号等字段都相同才视为重复信息,也可以只有工号、身份证号相同即为重复信息。可以通过选【删除重复项】对话框中的【列】选项来定义。

图3.79 【删除重复项】选项

 任务实施

掌握使用【删除重复项】功能和【高级筛选】功能来删除工作表中的重复数据。

1. 使用【删除重复项】功能

使用【删除重复项】功能来删除"员工档案信息表"中重复录入的员工信息。

(1)打开本节的原始文件"员工档案信息表",选择【数据】|【数据工具】|【删除重复项】命令。

(2)在打开的【删除重复项】对话框中,选中【数据包含标题】复选框;确定工号和身份证号相同即视为重复信息,单击【取消全选】按钮,只选中【工号】和【身份证号】复选框,如图3.80所示。

(3)单击【确定】按钮返回工作表,系统打开如图3.81所示的提示框,表示找到一条重复信息,单击【确定】按钮返回工作表,系统保留第一条信息,其余重复信息删除。

图3.80 【删除重复项】对话框

图3.81 删除重复项提示框

2. 使用【高级筛选】功能

使用【高级筛选】功能来删除“员工档案信息表”中重复录入的员工信息。

(1) 将光标定位在数据区域中，选择【数据】|【排序和筛选】|【高级】命令。

(2) 在打开的【高级筛选】对话框中的【方式】区域选中【在原有区域显示筛选结果】单选按钮；【列表区域】选择工号列的数据区域 A2：A13，这里讲只要工号相同即定义为重复数据；选中下方的【选择不重复的记录】复选框，如图 3.82 所示，单击【确定】按钮返回工作表。

(3) 结果如图 3.83 所示，这里注意，行号“10”和“12”之间重复的数据行被隐藏了，重复的数据并没有被实际删除掉；可以通过选中【将筛选结果复制到其他位置】单选按钮来实际删除重复的数据。

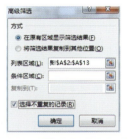

图 3.82　【高级筛选】对话框

8	2009010712	后勤部	王鹏	出纳	23070319800824XXXX
9	2010020654	销售部	朱小梅	职员	37030619700920XXXX
10	2010020777	销售部	施小东	职员	23100219780905XXXX
12	2012010927	培训部	肖鹏举	会计	15010419771210XXXX
13	2012010928	研发部	宁进	会计	37028319750227XXXX

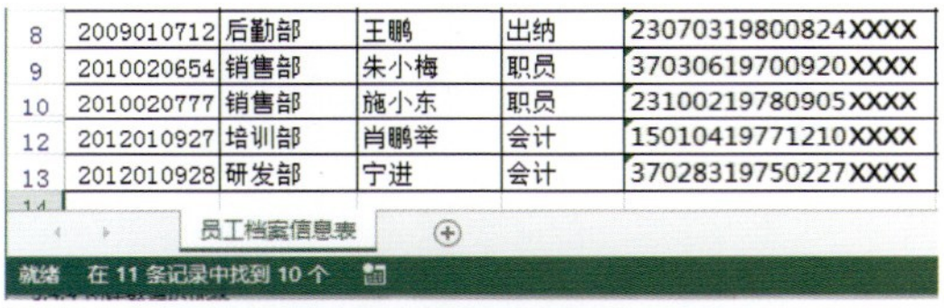

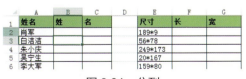

图 3.83　使用高级筛选删除重复数据结果

拓展

使用【删除重复项】功能还可以完成批量删除表格中的空白行。这里注意：当表格中出现空白行时，系统自动定义数据区域时可能遇到空白行就认为数据区域结束了，不会识别下边的数据区域，这时，就需要我们在操作前先手动选择数据区域再执行操作。

3.5.3　数据的分列

任务描述

有些单元格数据包含了多个信息，如“姓名”就包括了“姓”和“名”两个信息；“尺寸”也包含了“长”和“宽”两个信息。本节主要通过使用分列功能把它们分别提取出来，实现拆分单元格内容的效果，如图 3.84 所示；还可以利用分列功能实现数据格式的修改。

	A	B	C	D	E	F	G
1	姓名	姓	名		尺寸	长	宽
2	肖军				189*9		
3	白洁洁				56*78		
4	朱小庆				249*173		
5	吴宁生				20*167		
6	李大军				159*80		

图 3.84　分列

相关知识

分列是将单元格中的数据根据一定的规则进行拆分。

1. 利用"固定宽度"分列数据

有些数据可以通过按照"固定宽度"来进行分列，如姓名，我们可以以一个字符宽度为标准，分列姓和名。

2. 利用"分隔符号"分列数据

有些数据可以利用其中使用的"分隔符号"来进行分列，例如，尺寸信息显示为30*60，我们可以利用分隔符"*"来分列长和宽。

 任务实施

掌握分列的使用方法和技巧，拆分单元格内容。

1. 拆分"姓名"字段中的姓和名信息

（1）打开本节的原始文件"分列"工作表，选中需要分列的数据2：A11。

（2）选择【数据】|【数据工具】|【分列】命令，在打开的【文本分列向导 - 第1步，共3步】对话框中选中【固定宽度】单选按钮，单击【下一步】按钮。

（3）在【分列向导 - 第2步，共3步】对话框中的【数据预览】列表框中，在"姓"后面单击建立【分列线】，如图3.85所示；单击【下一步】按钮。

（4）在【文本分列向导 - 第3步，共3步】对话框中，在【目标区域】文本框选择分列结果存放的位置，如B2，默认为在原数据区域显示分列结果；在下方的【数据预览】列表框中查看分列效果并可以选中其中一列数据，在上方的【列数据格式】区域中设置分列后的数据格式，如图3.86所示。

（5）单击【完成】按钮返回工作表，即可得到分列结果。

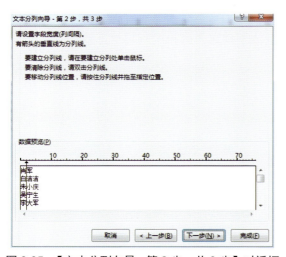 

图 3.85 【文本分列向导 - 第2步，共3步】对话框　　图 3.86 【文本分列向导 - 第3步，共3步】对话框

2. 拆分"尺寸"字段中的长和宽信息

（1）操作方法与拆分"姓名"字段相同，只需在【文本分列向导 - 第 1 步，共 3 步】对话框中选中【分隔符号】单选按钮；在【文本分列向导 - 第 2 步，共 3 步】对话框中设置分隔符号为"*"，如图 3.87 所示。

图 3.87　利用"分隔符号"分列数据

（2）两个分列结果如图 3.88 所示。

图 3.88　分列结果

拓展

利用分列功能还可以实现数据格式的规范，只需要在文本分列向导的第 2 步不建立分列线或者不选择分隔符号，在文本分列向导的第 3 步中的【列数据格式】区域中设置分列后的数据格式即可。例如，可以规范日期格式为"YMD"等，【目标区域】选择在原数据区域即可；可以实现"数字"和"文本"格式的互换，以方便数据的统计分析。

第 4 章

PowerPoint 演示文稿

Microsoft PowerPoint（简称 PPT）是日常办公中的一个常用软件，用户可以在投影仪或计算机上演示包含文字、图片、图表、动画、声音、影片等元素的演示文稿，其文件格式扩展名为".ppt"或".pptx"，也可以保存为 PDF 文件和图片等。

4.1 PPT 信息化元素的添加与编辑

在 PPT 的【插入】选项卡中，有很多信息化的元素，如形状、SmartArt、图表、声音和视频等，其中一部分在 Word 和 Excel 里也会经常使用到。本节主要讲解形状、SmartArt、图片、声音和视频的添加与编辑。

4.1.1 形状的添加与编辑

 任务描述

千言万语不如一张图，流程图主要用来说明某一过程，对准确了解事件的流程很有帮助。本任务使用 PPT 绘制一张员工录入流程图，如图 4.1 所示。录入过程的各个阶段均用形状表示，六边形代表开始；文档形状和预定义过程形状表示行动方案；菱形表示问题判断或判定环节；不同图形块之间以箭头相连，代表流动方向。

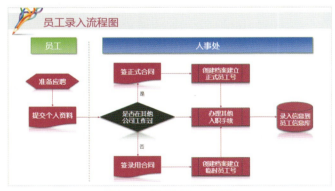

图 4.1 员工录入流程图

第 4 章　PowerPoint 演示文稿

 相关知识

1. 形状的添加

选择【插入】|【插图】|【形状】命令，可以看到所有的形状，选择需要插入的形状，在 PPT 的编辑区按鼠标左键拖曳即可绘制形状。

2. 形状的基本操作

1）选择形状

选择形状有点选、框选、多选和全选四种方式。如果要选择一个形状，直接在形状上单击；选择多个形状，可以通过拖曳出选择框的方式选择；如果形状很分散，可以按住 Ctrl 键再单击选择；全选使用 Ctrl+A 组合键。

2）移动形状

除了可以使用鼠标移动形状之外，还可以通过键盘上的上、下、左、右方向键移动，如果需要微调，可以使用 Ctrl 键配合上、下、左、右方向键进行。

3）复制形状

使用快捷键 Ctrl+C 和 Ctrl+V，或使用 Ctrl 键配合拖曳的方法，也可以直接使用快捷键 Ctrl+D 进行复制。

4）绘制技巧

按住 Ctrl 键拖曳可以实现以某个点为中心绘制形状；按住 Shift 键拖曳可以实现等比例绘制，如圆形、正方形和等边三角形等；按 F4 键可以重复上个操作。

3. 形状的编辑

选中需要编辑的形状，选择【格式】选项卡，在该选项卡中，可以看到所有可以编辑的选项，如图 4.2 所示。

图 4.2　【格式】选项卡

其中，利用【插入形状】区域可以在编辑状态直接插入形状，不需要再通过【插入】选卡选择形状；【形状样式】区域里有大量预定的形状样式，在【形状填充】、【形状轮廓】和【形状效果】里可以自定义形状的样式；在【艺术字样式】区域可以对形状中的文本设置样式，可以选择预定义的样式，也可以自定义样式；在【排列】区域可以对多个形状进行位置的排列、对齐和组合；在【大小】区域可以调整形状的长度和宽度。

除此之外，还可以在形状上右击，在弹出的快捷菜单中选择【设置形状格式】命令，在打开的【设置形状格式】对话框中可以进行更细致的设置。

 任务实施

使用基本的形状绘制员工录入流程图。

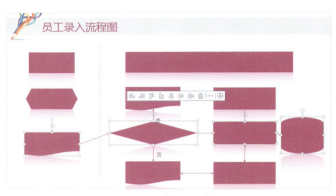

图 4.3 排列形状

（1）新建一个空白的幻灯片，参考图 4.1，绘制各个形状并调整形状的大小。依次选中某水平方向的形状，选择【格式】|【排列】|【对齐】|【上下居中】命令，如图 4.3 所示。同样的方法，依次选择垂直方向排列的形状，选择【格式】|【排列】|【对齐】|【左右居中】命令，将所有的形状沿着某个方向排列整齐。

（2）在形状中输入文本，并框选所有形状，可以统一调整文本的大小和字体。

（3）选择"员工"所在的矩形，在【格式】选项卡中将矩形的形状轮廓设置为深灰色，形状效果设置为【阴影】|【右下斜偏移】。

（4）在该矩形上右击，在弹出的快捷菜单中选择【设置形状格式】命令，打开【设置形状格式】对话框，在【填充】|【渐变光圈】选项中，选中中间的滑块，单击按钮删除，只保留左右两个滑块，分别选中左、右两个滑块并设置两个滑块对应的颜色为"深绿"和"浅绿"，如图 4.4 所示。采用同样的步骤设置"人事处"所在矩形的格式。

（5）选中"准备应聘"所在的六边形，在【格式】选项卡中选择【形状样式】|【形状效果】|【映像】|【紧密映像，接触】命令，在六边形上右击，在弹出的快捷菜单中选择【设置形状格式】命令，打开【设置形状格式】对话框，在【效果】|【影像】区域调整"透明度"和"大小"，使形状的映像达到最佳效果，如图 4.5 所示。

（6）选中六边形，双击【开始】选项卡中的【格式刷】按钮，在其他的形状上依次单击，套用六边形的形状效果，至此流程图制作完成。

图 4.4 设置形状填充

图 4.5 设置形状效果

4.1.2　SmartArt 的添加与编辑

任务描述

在 PPT 演示过程中，经常会使用到导航，使用导航可以使 PPT 的结构更加清晰，界面更加友好。本任务使用 SmartArt 创建一个 PPT 导航，如图 4.6 所示。在此基础上，还可以选择新的布局结构进行变换，如图 4.7 所示。

图 4.6　PPT 的导航 1　　　　　　　　　图 4.7　PPT 的导航 2

相关知识

1. SmartArt 图形

SmartArt 是信息和观点的视觉表示形式，是文字图形化的表现方式。使用 SmartArt 可以快速、轻松、有效地传达信息，帮助用户制作层次分明、结构清晰、外观美观的具有专业设计师水平的文档插图。

2. SmartArt 的添加

选择【插入】|【插图】|【SmartArt】命令，打开【选择 SmartArt 图形】对话框，可以看到所有的 SmartArt 图形，选择需要插入的 SmartArt 图形，单击【确定】按钮即可插入。SmartArt 图形类型有"流程""层次结构""循环"和"关系"等，每种类型包含几个不同的布局，相同布局的 SmartArt 图形可以转换。

3. SmartArt 的编辑

选中需要编辑的 SmartArt 图形，出现【设计】和【格式】选项卡。

【设计】选项卡可以用来对 SmartArt 图形进行修改，其中【创建图形】区域可以用来添加文本、调整形状的结构和位置；【布局】区域可以用来重新选择新的布局；【SmartArt 样式】区域用来添加效果；【重置】区域里的【重设图形】可以放弃之前所有的修改，【转换】可以将 SmartArt 图形转换为普通的形状或文本。

【格式】选项卡可用来对 SmartArt 图形中的形状和图片进行修改，修改方法与普通形状和图片相同。

任务实施

（1）新建一个空白的幻灯片，选择【插入】|【插图】|【SmartArt】命令，在打开的【选择 SmartArt 图形】对话框中选择左侧的【列表】选项，然后在右侧选择【垂直图片重点列表】选项，如图 4.8 所示。

（2）选择【设计】选项卡，单击【创建图形】|【添加形状】下拉按钮，再添加四组图形。

（3）单击【创建图形】|【文本窗格】按钮，在【在此处键入文字】面板中依次输入文字，如图 4.9 所示，再按 Enter 键换行也可以增加列表项。

图 4.8　SmartArt 图形

图 4.9　输入文本

（4）单击 SmartArt 图形上的图形图标，打开【插入图片】对话框单击【浏览】按钮选择需要显示的图片，如图 4.10 所示。用同样的方法为其他图形选择图片。

（5）选择整个 SmartArt 图形，在【设计】选项卡中选择【更改颜色】|【着色 3】|【彩色填充】命令；在【SmartArt 样式】中选择【优雅】命令。

（6）在第一个图形"商务谈判的内容及特点"上右击，在弹出的快捷菜单中选择【更改形状】|【星与旗帜】|【双波形】命令；再次右击，在弹出的快捷菜单中选择【设置形状格式】命令，打开【设置形状格式】对话框，在【填充】中设置渐变光圈如图 4.11 所示。

（7）选择整个 SmartArt 图形，在【设计】|【布局】区域选择【连续图片列表】命令可以变换布局。

图 4.10　选择图片

图 4.11　设置渐变光圈

4.1.3　图片的添加与编辑

任务描述

将图 4.12 中上方的整张图片裁剪成大小相同的三张图片，为图片添加效果，如图 4.12 下方所示。

相关知识

双击已经插入幻灯片中的图片，利用【格式】选项卡中的命令可对图片进行编辑。利用【调整】区域中的命令可以删除背景纯净的图片的背景，对图片进行一些亮度、颜色等效果的修改。在【图片样式】区域中可以使用预定义的样式，也可以对图片的边框、效果和版式进行自定义。在【排列】区域中可以对多个图片进行位置的排列、对齐和组合；在【大小】区域中，除了可以调整图片的大小外，还可以对图片进行裁剪。

图 4.12　裁剪图片

任务实施

（1）新建一个幻灯片，选择【插入】|【图像】|【图片】命令，通过路径选择需要插入的图片。

（2）选中【视图】选项卡中的【参考线】复选框，在参考线上【右键】选择【添加垂直参考线】，重新【右键】选择【网络和参考线】|【添加水平参考线】，调整参考线的位置，如图 4.13 所示。

说明：可以通过添加参考线来辅助对齐和裁剪。设定好参考线的范围后，把图片中需要裁剪的部分放到参考线范围内，调整裁剪控制点就可以裁剪图片了。

（3）将上方的大图复制一份，将需要裁剪的部分放到裁剪的格子中，选择【格式】|【大小】|【裁剪】命令，通过拖曳裁剪控制点的方式调整裁剪区域，如图 4.14 所示，调整完成后单击右侧的裁剪按钮。

图 4.13　添加参考线

图 4.14　调整裁剪区域

图 4.15　裁剪图片

（4）相同的步骤，将大图中的第二个人和第三个人裁剪出来，隐藏参考线，如图 4.15 所示。

（5）选择下方小图中的第一个，选择【图片样式】|【剪裁对角线，白色】命令。单击【格式刷】按钮，依次单击第二张小图和第三张小图，效果如图 4.12 所示。

4.1.4　声音和视频的添加与编辑

任务描述

给 PPT 添加片头音乐、背景音乐和片尾音乐，在其中的一页 PPT 里添加视频文件。

相关知识

1. PPT 声音的添加与编辑

在 PPT 中合理地使用声音，可以引起观众的注意，给观众留下深刻的印象，使 PPT 更具有亲和力和感召力。可以添加的声音有片头声音、片尾声音、背景音乐和提示音等。

选择【插入】|【媒体】|【音频】|【PC 上的音频】命令，通过路径选择要插入的音频文件，PPT 支持 MP3、WMA 等格式的声音文件。声音添加后，在 PPT 中出现一个声音图标，下面还会有一个简易的播放器，对添加的声音进行简单的控制。

选中需要编辑的声音图标，出现【格式】和【播放】选项卡。

【格式】选项卡可用来对声音图标进行修改。

【播放】选项卡分为【编辑】、【音频选项】和【音频样式】等区域，如图 4.16 所示。【编辑】区域中的【剪裁音频】命令可以对声音的长短、开始时间和结束时间进行控制；【音频选项】区域中的命令可以控制音量及声音的播放方式；【音频样式】区域中的【无样式】命令可以清空【音频选项】中选中的播放方式，【在后台播放】命令适合用作播放幻灯片时的背景音乐。

2. PPT 视频的添加与编辑

选择【插入】|【媒体】|【视频】|【PC 上的视频】命令，通过路径选择要插入的视频文件。PPT 支持的视频格式有 WMV、AVI 和 MP4 格式，如果要插入 FLV、SWF 格式的视频，必须用控件或插件。

选中需要编辑的视频后，利用【播放】选项卡的【编辑】区域中的命令，可以对视频进行简单的裁剪，还可以设置声音的淡入和淡出；利用【视频选项】区域中的命令可以设置视频的音量、如何开始，以及全屏播放等。

第 4 章　PowerPoint 演示文稿

图 4.16　【播放】选项卡

 任务实施

（1）打开 PPT 文件"不同国家的饮食禁忌 .pptx"，在左侧缩略图中选择 PPT 封面，选择【插入】|【媒体】|【音频】命令，选择素材文件夹中的"MIDIO614.MID"文件。

（2）选择【动画】|【高级动画】|【动画窗格】命令，在打开的【动画窗格】中将"MIDIO614"拖曳到文本动画的下方，如图 4.17 所示。

（3）选中【动画窗格】中的声音动画，单击右侧的下拉按钮，在弹出的下拉列表中选择【从上一项开始】命令，将图标▷向左拖曳，使声音从第一秒钟开始播放，如图 4.18 所示。

图 4.17　调整音频的播放 1

图 4.18　调整音频的播放 2

（4）选中 PPT 中的声音图标，选择【播放】|【编辑】|【剪裁音频】命令，打开【剪裁音频】对话框，拖动两个滑块，选择 13 秒多到 19 秒多的声音段，如图 4.19 所示。

（5）打开第二页 PPT，选择【插入】|【媒体】|【音频】命令，选择素材文件夹中的"背

图 4.19　剪裁音频

图 4.20　设置背景音乐的播放

景音乐 .MID"。在【动画窗格】中将声音拖曳到最上方，单击右侧的下拉按钮，在弹出的下拉列表中选择【从上一项之后开始】命令，在下拉列表中继续选择【效果选项】命令，在打开的【播放音频】对话框的【停止播放】区域选中【在】单选按钮，在其后的文本框中输入"4"，如图 4.20 所示。

（6）选中 PPT 中的声音图标，在【播放】选项卡的【音频选项】区域，选择【开始】下拉列表中的【跨幻灯片播放】命令，并选中【循环播放，直到停止】和【放映时隐藏】复选框。

（7）打开最后一页 PPT，参考封面页 PPT 声音的添加方式为该页添加素材文件夹中的"结束声音 .MID"文件。

（8）打开倒数第二页 PPT，选择【插入】|【媒体】|【视频】|【PC 上的视频】命令，通过路径选择要插入的视频文件"涉外礼仪篇——宴请外宾 .mp4"，在【播放】选项卡的【视频选项】区域选择【开始】下拉列表中的【自动】命令，并选中【全屏播放】复选框。

4.2　PPT 的基本设计

4.2.1　PPT 版式的设计

一个成功的 PPT，除了内容要精彩之外，漂亮的页面设计也很重要，这样就能在第一时间吸引观众，带给他们好感。PPT 版式设计，就是如何将文字和图片等内容合理、漂亮地组合在一起，好的幻灯片版式设计可以让 PPT 的效果更加美观，内容更有层次，更加吸人眼球。

 任务描述

分析图 4.25 至图 4.30 中幻灯片在版式上存在的问题，并修改 PPT。

 相关知识

1. 版心框的设置

版心框是页面中一个无形的框，是页面内容最主要的展示位置，也是指导排版图片、文字对齐的基本线框，如图 4.21 所示。版心框是一个看不见的框，如果心中有版心框的概念，排版和版面上至少不会很难看。

图 4.21　版心框

版心框之外的位置统称留白，为了页面整齐，尽量做到左右同宽、上下同宽或四周同宽。

2. 页面分割线

页面分割线也是一种无形的线，排版时心中要有分割线的概念，使页面中的文字、图片"成块呈现"，整个版面就会工整、整洁。常用的页面分割线分为等分、黄金比例等分和三比一等分等，如图4.22至图4.24所示。

图4.22 等分

图4.23 黄金比例等分　　　　　图4.24 三比一等分

 任务实施

分析问题，调整该任务中所示的PPT页面中的文字、图片及两者之间的位置。

（1）如图4.25所示，封面页存在的问题是主标题和副标题主次不分。调整的方法是将主标题加粗、副标题移至蓝色区域，将副标题的字号调小，颜色调整为白色。

（a）调整前　　　　　　　　　（b）调整后

图4.25 封面页版式调整

（2）如图4.26所示，第二页存在的问题是上下两个区域比例不协调、图片排列混乱、图片区域太宽。调整的方法是文字部分字体修改为"微软雅黑"，增加行高；选中四张图片，使用【格式】选项卡中的【对齐】命令将其水平方向对齐。

（3）如图4.27所示，第三页存在的问题是图片太大、左右比例不合适。调整的方法是将文字分成两部分，放到图片的左右两侧，分别调整左右两侧文字的字体和行高，调整图片的大小，使其与两侧文本区域大小相当，将文字区域和图片区域进行对齐。

（4）如图4.28所示，第四页存在的问题是左侧文本排列不整齐，图片和文本排列不

（a）调整前　　　　　　　　　　（b）调整后

图 4.26　第二页版式调整

（a）调整前　　　　　　　　　　（b）调整后

图 4.27　第三页版式调整

（a）调整前　　　　　　　　　　（b）调整后

图 4.28　第四页版式调整

整齐。调整的方法是调整文字的字体、颜色和大小，并将所有的文字左侧对齐，调整右侧两张图片的大小，使其与左侧文字区域高度相当，将文字区域和图片区域进行对齐。

（5）如图 4.29 和图 4.30 所示，第五页和第六页存在的问题是文本和图片比例不合适、排列不整齐。调整的方法是调整文字的字体和行高，调整图片的大小，将文字区域和图片区域进行水平方向的对齐。

（a）调整前　　　　　　　　　　（b）调整后

图 4.29　第五页版式调整

（a）调整前　　　　　　　　　　　　（b）调整后

图 4.30　第六页版式调整

4.2.2　PPT 文字的设计

在 PPT 中，文字、图、表是三个主要的构成元素，而文字是主要的信息传达方式，文字的字体、大小和排列等都直接影响着 PPT 的演示效果。

 任务描述

图 4.33 至图 4.37 中所示 PPT 在文字的设计上存在一些问题，分析问题，并修改 PPT。

 相关知识

1. 字体字号的设置

在中文 PPT 设计中，标题字体推荐使用加粗的"微软雅黑"，正文字体可以用"微软雅黑""华文细黑""楷体"。宋体比较适合在计算机上看，在投影仪上会显得纤弱一些，不推荐使用。设计英文 PPT 时，用得较多的字体是 Impact 和 Arial Black。图 4.31 所示是 PPT 中常用的字体。

图 4.31　PPT 中常用的字体

2. 行间距和段落间距的设置

一般演讲型 PPT 通常没有大段文字，如果是阅读型、介绍型的 PPT，或的确需要大量的文字时，字与字之间、行与行之间、段与段之间需要留出一定的间隔。

一般 PPT 中的字间距保持默认即可，行间距一般设置在 1.5 倍，最小的行间距应不低于 1.2 倍，段落距离一定要比行间距大一些。

3. 多文字 PPT 的处理

在 PPT 中如果通篇都是大段落文章，没有任何信息提炼和节奏化的处理，就会让重要的信息淹没在平淡之中，而且会使观众在视觉上容易感到疲劳。因此，在 PPT 中应该合理地使用备注，重点的、纲要性的内容在 PPT 中显示，其他的说明性的在备注中显示，在演示 PPT 时，在 PPT 上右击，在弹出的快捷菜单中选择【显示演示者视图】命令，就可以在计算机中看到所有的备注信息，而观众看到的则是纲要。

4. 重点文字的强调

为了使重要内容更容易被观众注意到，可以通过改变字号、间距、颜色等方式把重要的信息呈现出来，需要注意的有字号之间的差距、段落间距、字体差异；也可以通过放大加粗、加底色（加底纹）、加框、单独颜色、下画线的方法进行强调。图 4.32 所示是加底色强调时的集中色彩搭配。

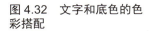

图 4.32 文字和底色的色彩搭配

 任务实施

（1）封面页存在的问题是副标题太小。调整副标题的大小和颜色，使其能醒目显示，如图 4.33 所示。

（2）第二页存在的问题是行间距小、重点不突出，字体字号不合适。调整的方法是将所有文本设置为项目列表形式，左侧的提纲文字调整其大小、字体和颜色，如图 4.34 所示。

（3）第三页存在的问题是行间距小、结构不整齐（左侧没有对齐），文字太小。调整的方法是调整提纲文字的大小和颜色，增加所有文字的行高，加深其他文字的文字颜色，将所有文字沿着左侧对齐，如图 4.35 所示。

（a）调整前　　　　　　　　　　　（b）调整后

图 4.33 封面页文字调整

（a）调整前　　　　　　　　　　　（b）调整后

图 4.34 第二页文字调整

第 4 章　PowerPoint 演示文稿

（a）调整前　　　　　　　　　　　　　　　（b）调整后

图 4.35　第三页文字调整

（4）第四页存在的问题是文字过多过小。调整的方法是将非提纲性文字剪切到备注栏中显示，提纲文字调整其大小、字体和行高，如图 4.36 所示。

（5）第五页存在的问题是使用强调颜色数量过多、对比不鲜明。调整的方法是将前两个使用强调颜色的文字修改为深红色，将最后一个使用背景强调的文字的背景色修改为深红色，如图 4.37 所示。

（a）调整前　　　　　　　　　　　　　　　（b）调整后

图 4.36　第四页文字调整

（a）调整前　　　　　　　　　　　　　　　（b）调整后

图 4.37　第五页文字调整

4.2.3　PPT 外观的设计

PPT 的外观是给人的第一印象，PPT 一般采用的是统一外观和风格。使用 PPT 的主题和母版就可以实现统一，并且一次编辑多次使用，可以最大限度地减少重复工作。

 任务描述

设计制作个性化母版——"绿色食品"，套用母版的 PPT 如图 4.38 至图 4.41 所示。

图 4.38　套用母版后的封面页　　　　　图 4.39　套用母版后的第二页

图 4.40　套用母版后的第三页　　　　　图 4.41　套用母版后的第四页

 相关知识

1. 主题

通过主题设置，可以快速改变幻灯片的字体、颜色、背景、图片和形状的效果，能形成统一的 PPT 风格。

选择【设计】选项卡，可以看到所有的主题样式。选中幻灯片缩略图中的所有幻灯片，选择需要的主题，所有的幻灯片将应用所选主题。

套用主题后，在【变体】选项对应的菜单中还可以修改很多样式，如字体、颜色、效果和背景样式。

2. 母版

幻灯片母版用于设置幻灯片的样式，可供用户设定各种标题文字、背景、属性等，只需更改一项内容就可更改所有幻灯片的设计。幻灯片母版一次编辑永久使用，可以最大限度地减少重复编辑的操作。

第 4 章　PowerPoint 演示文稿

3. 制作母版

选择【视图】|【母版视图】|【幻灯片母版】命令，进入母版编辑界面。在这里可以选择需要的主题、颜色、字体、效果和背景样式等。也可以自定义母版，在母版中添加个性化图片、调整文本框的位置、文本框中文字的样式、项目符号的样式等，还可以在母版中设置页脚。母版制作完成后，单击【关闭母版视图】按钮，完成母版的编辑。

4. 使用母版

在新建的幻灯片缩略图上右击，在弹出的快捷菜单中选择【版式】命令，套用需要套用的版式。

 任务实施

（1）选择【文件】|【新建】|【空白演示文稿】命令，新建一个空白的 PPT。

（2）选择【视图】|【母版视图】|【幻灯片母版】命令进入母版编辑界面，选中缩略图中的第二个版式"标题幻灯片"，在右侧的编辑区绘制一个矩形，填充颜色，插入两张图片"树 .png"和"根 .png"，在形状和图片上右击，在弹出的快捷菜单中选择【置于底层】命令，调整标题文本框和副标题文本框的位置和文本样式，如图 4.42 所示。

（3）选中缩略图中的第三个版式"标题和内容"，在编辑区绘制两个矩形，调整其大小、位置和颜色，在矩形上右击，在弹出的快捷菜单中选择【置于底层】命令；插入两张图片"树 .png"和"根 .png"，调整其大小和位置；调整标题文本框的大小和位置，其中文本的字体为"微软雅黑"，大小为"32"、颜色为"深绿色"；调整内容区文本的行高为"1.5 倍行高"，字体为"微软雅黑"；第一级文本的项目列表图标为菱形、大小为 75% 字高，文本大小为"24"；第二级文本项目列表图标为圆形、大小为 50% 字高，文本大小为"20"，如图 4.43 所示。

图 4.42　制作封面母版

图 4.43　制作内容页母版

（4）选中缩略图中的第一个版式——"office 主题幻灯片母版"，在编辑区下方中间的页脚

图 4.44 设置页脚

里输入"北京政法职业学院",调整文本大小为"16",字体为"微软雅黑"。

(5)选择【幻灯片母版】|【关闭母版视图】命令,第一页幻灯片会自动套用"标题幻灯片"版式,新建的幻灯片则自动套用"标题和内容"版式。参考样图在幻灯片中添加文本和图片。

(6)选择【插入】|【页眉和页脚】命令,打开【页眉和页脚】对话框,按图 4.44 所示的设置。

4.3 PPT 的动画

4.3.1 一般动画的制作

我们不仅需要在 PPT 的基本设计上精雕细琢,而且需要在 PPT 的动画上下足功夫。精彩的动画效果不仅可以对重点内容起到强调作用,而且能有效增强 PPT 的动感与美感,为 PPT 的设计锦上添花。

 任务描述

为 PPT "享受美食,拥抱健康"添加动画。

相关知识

1. 一般动画的分类

一般动画是给 PPT 中文本、图片、图形等基本元素添加的动画,分为进入动画、强调动画、退出动画和路径动画。

进入动画是最基本的动画效果,是 PPT 的基本元素从无到有、逐渐出现的效果,如出现、淡出、飞入和擦除等。强调动画是对 PPT 的基本元素进行强调,引起注意的动画。PPT 的基本元素在放映时就存在于 PPT 中,通过放大、缩小、闪烁等效果对其进行强调。退出动画是进入动画的反过程,是 PPT 的基本元素从有到无的过程。路径动画可以使 PPT 的基本元素按照指定的路径运动。

2. 一般动画的添加与编辑

选中需要添加动画的对象,在【动画】选项卡中添加需要的动画即可。添加动画后的元素前方会出现一个编号,代表动画出现的顺序。

在【动画】选项卡中可以对动画进行编辑,可以选择动画的类型、动画的效果、动画开始

第 4 章　PowerPoint 演示文稿

的方式、持续时间和排序等。除此之外，选择【动画】|【高级动画】|【动画窗格】命令，右侧弹出【动画窗格】任务窗格，在这里可以对动画的播放方式、播放时间、先后顺序等进行更多的编辑，如图 4.45 所示。

图 4.45　【动画窗格】任务窗格

 任务实施

（1）打开封面页 PPT，选中文本"享受美食，拥抱健康"，选择【动画】|【擦除】命令，在【效果选项】中选择【自左侧】命令。选中文本"食物的分类"，选择【动画】|【劈裂】命令，在【效果选项】中选择【中央向左右展开】命令。单击【动画窗格】按钮，在打开的【动画窗格】任务窗格中单击"食物分类"右侧的下拉按钮，在弹出的下拉列表中选择【从上一项之后开始】命令，拖曳绿色的时间滑块，适当延长两段文本的播放时间，如图 4.46 所示。

图 4.46　制作封面动画

（2）打开第二页 PPT，选中文本所在的文本框，在【动画】中选择【更多进入效果】|【切入】命令，在【效果选项】中选择【自左侧】命令。

（3）打开第三页 PPT，选中文本所在的文本框，选择【动画】|【更多强调效果】|【波浪形】命令，如图 4.47 所示。

图 4.47　为第三页添加动画

（4）按照步骤（3）中的方法，为第四页的 PPT 添加进入动画。

（5）选中第五页 PPT 中的文本"德国美食"，选择退出动画为"缩放"，选中"德国美食"图片，选择进入动画为"缩放"，在【动画】选项卡的【计时】区域将持续时间设置为 1 秒。按照步骤（5）中的方法，将第六页 PPT 设置为相似的效果。

（6）在最后一页 PPT 中插入 GIF 格式的图片，将图片调整到 PPT 的最右侧。选中图片，在【动画】中选择【动作路径】|【直线】命令，调整路径动画的结束位置为 PPT 的左侧，如图 4.48 所示。在【动画窗格】任务窗格中拖曳绿色的时间滑块，适当延长动画的播放时间。

图 4.48　为封底页添加动画

4.3.2　页面切换动画的制作

 任务描述

为 PPT"奥林匹克运动会"添加页面切换动画。

 相关知识

1. 页面切换动画

页面切换动画是添加在页面转换中的动画，为页面添加页面切换动画可以使页面之间的转换更加灵活，不单调。需要注意的是，适当的页面切换动画可以让 PPT 更加生动，而大量的页面切换动画会让观众产生视觉疲劳。

2. 页面切换动画的添加与编辑

在左侧缩略图窗口中选中需要添加页面切换动画的页面，在【切换】选项卡中为页面添加页面切换动画。

在左侧缩略图窗口中选中需要编辑页面动画的页面，在【切换】选项卡中可以重新选择页面动画，也可以对页面动画进行编辑，如在【效果选项】中添加效果，在【计时】区域选择页面切换的声音、持续时间及换片方式等。

 任务实施

（1）在左侧缩略图中选择第二页 PPT，选择【切换】|【切换到此幻灯片】|【随机线条】命令，在【效果选项】中选择【水平】命令，在【声音】中选择 wind.wav 命令。

（2）按照步骤（1）中的方法，将"奥林匹克运动会"中的其他页面设置成不同的页面切换方式。

4.3.3　信息化对象动画的制作

 任务描述

图表是 PPT 中常见的对象，用图表可以展示数据。给图表添加动画可以更加直观地反映数据与数据之间的关系。

第 4 章　PowerPoint 演示文稿

 相关知识

给图表添加动画后，在【动画】选项卡的【效果选项】中可以选择图表的动画效果。默认的是以一个对象的方式整体出现。除此之外，还可以按系列（一个系列同时出现）、按类别（一个类别同时出现）、按系列中的元素（一个系列中的元素依次出现）和按类别中的元素（一个类别中的元素依次出现）出现。

 任务实施

1. 柱形图动画

（1）打开一页空白的幻灯片，选择【插入】|【插图】|【图表】命令，打开【插入图表】对话框，在打开【插入图表】对话框中选择【柱形图】|【簇状柱形图】命令，使用默认数据信息的图表，如图 4.49 所示。

（2）选中添加的柱形图在【动画】选项卡中选择【擦除】命令，在【效果选项】的【方向】区域选择【自底部】命令，在【序列】区域选择【按类别中的元素】命令。

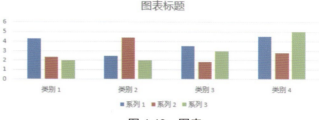

图 4.49　图表

2. 饼形图表动画

播放时，饼形图表中的各个区域按照顺时针依次出现，如图 4.50 所示。

（1）打开一页空白的幻灯片，选择【插入】|【插图】|【图表】命令，打开【插入图表】对话框，在打开的【插入图表】对话框中选择【饼图】命令，单击【确定】按钮，打开 Excel 表，在 Excel 中输入数据，如图 4.51 所示。制作完成的饼形图表如图 4.50 所示。

（2）在添加的饼图上右击，在弹出的快捷菜单中选择【设置数据标签格式】命令，打开【设置数据标签格式】任务窗格，如图 4.52 所示。此时饼形图表中的文本处于选中状态，在【开始】选项卡中设置文字大小为"20"、白色。

（3）在【动画】选项卡中选择进入动画为"轮子"，在【效果选项】中选择【按类别】命令。

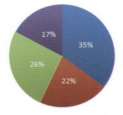

图 4.50　饼形图表

图 4.51　编辑数据

3. SmartArt 图形动画的制作

PPT 中 SmartArt 为用户提供了丰富的图形，同样也可以为 SmartArt 添加动画。图 4.53 所示的 SmartArt 图形中元素是按照从上到下的顺序依次出现。

（1）打开"食物的分类"中的"按照食用人群分类"页。

（2）选中 SmartArt 图形，选择【动画】选项卡的【擦除】命令，在【效果选项】的【方向】区域选择【自左侧】命令，【序列】区域选择【逐个】命令。

4. 形状动画的制作

制作如图 4.54 所示的形状动画，其中中间的红色圆形由远及近放大显示，四周的圆形、文本和对应的线段依次向外擦除显示，上方的爆炸形状及文本闪烁显示。

（1）绘制如图 4.54 所示的组合形状。其中，中间大圆形周围的小圆形、线段及线上的文本为组合图形，共四组。

（2）选择中间的红色圆形，在【动画】选项卡中选择【缩放】命令。

（3）依次选择"实现"和"提供"所在的图形组合，在【动画】选项卡中选择【擦除】

图 4.52 设置数据标签格式

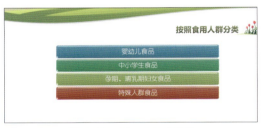

图 4.53 SmartArt 图形

图 4.54 形状动画

命令，在【效果选项】中选择【自左侧】命令。

（4）依次选择"构建"和"促进"所在的图形组合，在【动画】选项卡中选择【擦除】命令，在【效果选项】中选择【自右侧】命令。

（5）选择上方的爆炸形状，在【动画】选项卡中选择【出现】命令，在【动画】选项卡中选择【添加动画】|【更多强调效果】|【脉冲】命令。在【动画窗格】的脉冲动画右侧展开菜单中选择【从上一项之后开始】命令。

第 4 章　PowerPoint 演示文稿

4.4　PPT 的演示与转换

4.4.1　PPT 的演示

 任务描述

以 PPT "享受美食，拥抱健康 .pptx" 为例，熟练掌握各种演示技巧。

任务实施

（1）打开需要演示的 PPT，在【幻灯片放映】选项卡中选择【从头开始】命令。

（2）在 PPT 打开的情况下，按 F5 键。

（3）在 PPT 打开的情况下，按 Shift+F5 组合键演示当前页。

（4）在未打开的 PPT 文件上，右击选择【显示】命令，可以在不打开 PPT 的情况下直接演示。

（5）使用键盘上的方向键可以上下翻页，要翻到封面页和封底可以使用 Home 键和 End 键。

（6）在播放 PPT 的过程中，在 PPT 的左下角有控制 PPT 播放的相关的命令，例如，选择【激光笔】命令，鼠标指针会变成激光笔的形状，如图 4.55 所示。或在 PPT 上右击，在弹出的快捷菜单中选择【指针选项】命令，也可以选择。

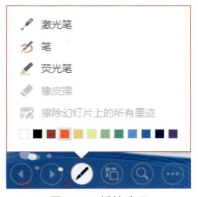

图 4.55　播放选项

4.4.2　PPT 与其他文件的转换

制作完成的 PPT 可以转换成其他类型的文件，如 PDF 文件和图片文件等，不仅可以应用到不同的场合，也可以保护 PPT 不被随意复制和修改。

 任务描述

打开 PPT 文件 "奥运会 .pptx"，转换为 JPG 和 PDF 文件。

任务实施

1. PPT 转换成图片文件

（1）打开一个 PPT，选择【文件】|【导出】|【更改文件类型】命令，选择右侧【图片文件类型】中的【JPEG 文件交换格式】命令，单击下方的【另存为】按钮。

（2）选择保存的路径，在弹出的提示框中单击【所有幻灯片】按钮，如图 4.56 所示。

111

图 4.56 导出幻灯片为图片

2. PPT 转换成 PDF 文件

打开需要转换的 PPT，选择【文件】|【导出】|【创建 PDF/XPS 文档】命令，单击右侧的【创建 PDF/XPS 文档】按钮，选择保存路径即可。

第 5 章 Photoshop 图像处理

在现代的办公活动中，无论是组织会议、汇报演讲，还是档案整理、发送简报，都需要配有照片或图像，以加强资料的生动性和纪实性。这些图像往往在使用之前都需要进行采集和处理，所以学会一些基本的图像处理知识，掌握图像处理技巧是非常必要的。

通过本章的学习，要求熟练掌握 Photoshop 图像的基本处理技术；能够利用图层、蒙版等工具来合成图像；能够利用多种方法调整图像影调，改善图像视觉效果；能够对人像照片进行必要的修饰。

5.1 图像处理的基本技术

Photoshop（简称 PS）已经成为图像处理的标准软件，首先来学习图像处理的基本术语和图像处理的基本技术。

5.1.1 Photoshop 初识

任务描述

在实际处理图像之前，先要对处理工具 Photoshop 的基本操作有初步的认识。通过实际演练，熟悉 Photoshop 的操作界面；掌握 Photoshop 的常用设置和图像文件的打开、查看与关闭等。

相关知识

1. Photoshop 的发展

Adobe Photoshop 是由 Adobe 公司开发的图像处理软件。1990 年 2 月，Photoshop 版本 1.0.7 正式发行，第一个版本只需要一个 800KB 的软盘就能装下。2003 年，Adobe

Photoshop 8 被更名为 Adobe Photoshop CS。2013 年 7 月，Adobe 公司推出了新版本的 Photoshop CC，截至 2016 年 8 月，Adobe Photoshop CC 2015.5 为市场上的最新版本。

2．Photoshop 的功能

Photoshop 的专长在于处理以像素所构成的数字图像，使用 Photoshop 的众多编辑与绘图工具，可以有效地对已有的图像进行编辑加工处理及运用一些特殊效果。

1）平面设计

平面设计是 Photoshop 应用最为广泛的领域，无论是图书封面，还是招贴、海报，这些平面印刷品通常都需要 Photoshop 对图像进行处理。

2）广告摄影

广告摄影作为一种对视觉要求非常严格的工作，其最终成品往往要经过 Photoshop 的润色修饰才能得到满意的效果。

3）影像创意

影像创意是 Photoshop 的特长，通过 Photoshop 的处理可以将不同的对象组合在一起。Photoshop 为设计师提供了广阔的设计空间，因此越来越多的设计爱好者开始学习 Photoshop，并进行具有个人特色与风格的视觉创意。

4）网页制作

网络的普及是促使更多人掌握 Photoshop 图像处理的原因，因为在制作网页时，Photoshop 是必不可少的网页图像处理软件。

5）界面设计

界面设计是一个新兴的领域，网页界面、游戏界面、手机 APP 界面都属于该领域，它受到越来越多的开发者的重视。当前还没有用于做界面设计的专业软件，因此绝大多数设计者都使用 Photoshop 来做设计。

 任务实施

掌握 Photoshop 中的基本操作，能够打开与查看图像，并对 Photoshop 的首选项进行常规设置。

1．打开与关闭图像文件

（1）启动 Photoshop。Photoshop 的工作界面主要由菜单栏、工具箱、工具选项栏、图像编辑窗口、调板选项、状态栏等部分组成，如图 5.1 所示。

（2）打开图像文件。

方法一：选择【文件】|【打开】命令，或使用快捷键 Ctrl+O，找到图像文件，打开。

方法二：直接将图像文件拖曳到 Photoshop 软件上。

（3）关闭图像。

方法一：选择【文件】|【关闭】命令，或使用快捷键 Ctrl+W。

方法二：直接单击图像编辑窗口右上角的关闭按钮。如果对图像进行了编辑，关闭时会提示文件保存。

第 5 章　Photoshop 图像处理

图 5.1　Photoshop 操作界面

2．查看图像

（1）缩放操作是查看图像时经常做的操作。

方法一：可以使用工具箱中的放大镜，按住 Alt 键放大或缩小。

方法二：按 Alt 键，拨动鼠标滚轮实现缩放，更方便。

方法三：使用快捷键 Ctrl++ 放大，Ctrl+- 缩小。缩放时的中心点是鼠标指针所在位置。

（2）当画面放大超出预览区之后，如果要查看预览区之外的内容。

方法一：使用工具箱中的小手工具。

方法二：按住与松开空格键，随时在小手工具与当前工具之间进行切换，更加实用。

（3）缩放到屏幕大小，使用快捷键 Ctrl+O；按照"100%"比例显示，使用快捷键 Ctrl+1。也可以使用【视图】菜单中相应的命令。

当实现某一功能时，往往既可以使用菜单，也可以通过快捷键，或通过鼠标与键盘的配合来实现。熟记快捷键，可以大大加快操作速度。

3．首选项的设置

在操作 Photoshop 之前，需要对计算机的工作环境进行适当的设置，即设置【首选项】。选择【编辑】|【首选项】命令，可以对相应参数进行设置。

（1）【界面】可以设置"颜色方案"。一般在较暗的环境中工作，选择深色背景；在明亮的环境中工作，选择浅色背景；也可以根据个人偏好进行设置。

（2）【性能】可以设置"历史记录状态"。该设置决定了操作最多可以返回多少步，数值越大，可以返回的操作越多，同时占用的磁盘空间也越大。可以设置得高一些。

（3）【暂存盘】可以设置 Photoshop 图像处理过程中的中间文档的存储位置，默认是 C 盘。通常 C 盘是系统盘，暂存文档放到 C 盘会影响系统性能，建议选择剩余空间最大的非系统盘，它的大小是打算处理的最大图像大小的 3~5 倍。例如，若要对一个 100MB 大小的图像进行处理，则需要有 300~500MB 可用的硬盘空间大小。

5.1.2 图像压缩

 任务描述

现在是一个读图的时代,经常听说这张照片像素不够,或分辨率太低,打印出来会模糊;有时候又说这个图片文件太大,太占存储空间,网上传输太慢;那么图像分辨率到底是什么?文件能不能压缩,会不会影响清晰度?

本节学习如何实现图像的压缩,这里说的图像压缩有两层含义,一是改变图像的宽高尺寸;二是通过 JPEG 编码来压缩图片文件的大小。

 相关知识

1. 像素

像素(Pixel)是组成图像的基本单元(Picture Element),可以把每个像素都看作一个最小的颜色方块。一幅图像通常由许许多多的像素组成,它们全部以行与列的方式分布,其效果如图 5.2 所示。同样一幅场景,图像包含的像素越多,所存储的信息就越多;细节描绘就越丰富,图像也就越清晰,文件就越大。

图 5.2 像素

2. 分辨率

分辨率是一个表示图像精细程度的概念,不同的使用场合,分辨率具有不同的含义。

1)数码照相机(图像)的分辨率

数码照相机的分辨率指的是感光设备有效像素值,通常它是以横向和纵向点的数量来衡量,表示成水平点数 × 垂直点数的形式。例如,佳能 5DMARKIV 相机的分辨率为 6720 像素 ×4480 像素,总像素数约 3000 万。

图像的分辨率与数码照相机的分辨率概念类似,也是指宽和高的像素数。图像的分辨率与文件的大小密切相关。一般来说,分辨率越大,图像越精细,图像文件就越大。对于不同的使用场合,需要的图像精细程度不同,会根据使用场合的不同,修改图像分辨率。

2)显示分辨率

显示分辨率是显示器在显示图像时的分辨率,指整个显示器所有可视面积上水平像素和垂直像素的数量。例如,1920 像素 ×1080 像素的分辨率,是指在整个屏幕上水平显示 1920 个像素,垂直显示 1080 个像素。每个显示器都有自己的最高分辨率,并且可以兼容其他较低的显示分辨率。在相同大小的屏幕上,分辨率越高,显示的对象就越小。当两个显示器显示像素数相同时,尺寸越小的显示器,由于单位尺寸显示的像素多,因此看上去显得更精细。

3）打印分辨率

打印分辨率直接关系到打印机输出图像或文字的质量的好坏。打印分辨率用 dpi（dot per inch）来表示，指每英寸打印多少个点，分辨率越高，打印的图像越精细。例如，打印分辨率为 300dpi，指打印机在一平方英寸的区域内垂直打印 300 个点，水平打印 300 个点，每平方英寸总共可打印 90000 个点。

一般数码照片的打印精度能达到 300dpi 就可以了，可以通过简单计算来了解手头的数码照片选择多大尺寸来打印才能取得较好的效果。例如，数码照片分辨率为 3672 像素×2754 像素，则输出优质效果的幅面规格为

（3672/300）×（2754/300）=12.24 英寸×9.18 英寸≈31 厘米×23 厘米，比 A4 纸略大。若输出小于此规格的幅画就更可以了。反过来，也可以根据需要输出的幅面大小，推算出数码摄影时选取多大的分辨率，而不需要盲目采用太高的分辨率，这样可以节约存储空间。

3. 图像 JPEG 压缩

JPEG 是 Joint Photographic Experts Group（联合图像专家小组）的缩写，是国际图像压缩标准。JPEG 是一种有损压缩格式，能够将图像压缩在很小的储存空间，可减少图像占用的存储空间，提高图像的传输效率的压缩标准，80% 以上的图像都采用了 JPEG 压缩标准。JPEG 是一种很灵活的格式，具有调节图像质量的功能，允许用不同的压缩比例对文件进行压缩，支持多种压缩级别。压缩比例越大，文件越小，品质越低。如果追求高品质的图像，就不宜采用过高的压缩比例。

 任务实施

如图 5.3 所示的风景照片原始图像分辨率为 5208 像素×2800 像素约为 1500 万像素，文件大小为 13.5MB。该图像要在网页上传播，不需要这么高的分辨率，但是对图片的下载速度要求较高。为了便于在网络上传播，要求图像尺寸修改为宽 600 像素，高按等比例缩放并压缩图像。

图 5.3　修改图像尺寸

（1）打开图像。

（2）选择【图像】|【图像大小】命令，打开【图像大小】对话框。

（3）选中【重新采样】复选框，单击【宽度】右侧的下拉按钮，在弹出的下拉列表中选择【像素】命令，在宽度栏中输入 600，此时因为有等比例约束，高度会自动根据比例进行修正。单击【确定】按钮，Photoshop 会改变图像尺寸，并重新计算每个像素的颜色值，如图 5.3 所示。

（4）选择【文件】|【存储为】命令，打开【另存为】对话框，选择保存的位置，单击【保存】按钮，打开【JPEG 选项】对话框，在 JPEG 品质选项为最佳的时候，文件大

小为 255.4KB。品质越低，文件体积越小。综合平衡文件大小和图像品质，选择参数为 8，此时文件大小为 83.5KB，如图 5.4 所示。单击【确定】按钮，任务完成，文件大小约为最初文件的 1/160，文件体积大大缩小。

 拓展

在【图像大小】对话框中，如果未选中【重新采样】复选框，当输入不同分辨率时，可以查看当前图像在不同分辨率下可以打印输出的尺寸大小，如图 5.5 所示。

图 5.4　JPEG 压缩选项　　　　　　图 5.5　查看不同分辨率下图像的打印尺寸

5.1.3　图像裁剪

 任务描述

由于各种原因，很多照片无法达成心中理想的构图和画面，这时，可以利用 Photoshop 对图片做一定程度的裁剪来实现本来的拍摄想法。本节学习图像裁剪的各种技巧，如构图裁剪、证件照裁剪、透视裁剪等。

 相关知识

1. 三分法构图

绘画时根据题材和主题思想的要求，把要表现的形象适当地组织起来，构成一个协调的完整的画面称为构图。其中三分法构图是最常用的一种，也称井字构图法，即把画面划分成三等分，线条交叉处附近就是安排趣味中心和其他次要景物的地方，如图 5.6 所示。三分法构图对横画幅和竖画幅都适用。按照三分法构图安排主体和陪体，照片就会显得紧凑有力。

图 5.6　三分法构图

2. 证件照

一般证件照的要求是免冠（不戴帽子）正面照片，照片上应该看到人的两耳轮廓和相当于男士喉结处的地方；拍照时不能化妆，包括头发的染色，都会影响真实面貌；头上不戴任何装束。

不同应用目的的证件照（驾驶证、身份证、护照、不同国家的签证），对于尺寸的要求标准不一样，摄影师需要针对不同的要求进行裁剪。

 任务实施

针对多样不同需求的裁剪照片，Photoshop 有相应的工具。

1. 构图裁剪

裁剪功能给摄影师后期对构图不佳的照片，提供了弥补遗憾的机会。例如，要将一张竖向构图的照片改成横向构图，并约束比例为 16∶9。

（1）在工具箱中选择裁剪工具，裁剪工具为一组工具，选择上方第一个。

（2）在工具选项栏中，选择【16∶9】命令，或选择【比例】命令，自己输入比例值。

（3）在编辑窗口，拖动裁剪框控点，按照需要重新构图，画面自动出现井字格，可以按照三分法构图，把画面主体构图放在井字格的交叉点处（单击工具选项栏的【设置裁剪工具的叠加选项】按钮，还有其他构图选项），如图 5.7 所示。

图 5.7　构图裁剪

（4）按 Enter 键，或双击裁剪框内部区域，确认裁剪。

2. 证件照裁剪

将照片裁剪为毕业证照片的尺寸，要求宽 33 毫米，高 48 毫米，分辨率为 300 像素/英寸。

（1）在工具箱中选择裁剪工具。

（2）在工具选项栏中，选择【宽 × 高 × 分辨率】命令，输入相应数值，注意数值后面输入中文单位。

（3）调整裁剪框控点，保持人像对称，人头部占画面一半左右，如图 5.8 所示。

（4）按 Enter 键，或双击裁剪框内部区域，确认裁剪。

图 5.8　证件照裁剪

3. 旋转裁剪

有些照片图像拍得不正，可以通过旋转裁剪予以校正。

（1）在工具箱中选择裁剪工具。

（2）在工具选项栏中，选择【比例】命令，如果已有比例数值，单击【清除】按钮。单击【拉直】按钮，沿着应该水平或者竖直的物体拉出一条直线，这里沿着海平面拉出一条直线，如图 5.9 所示。

（3）画面自动旋转校正，并自动按照能裁剪出的不穿帮图像设置裁剪框，按 Enter 键，确认裁剪。

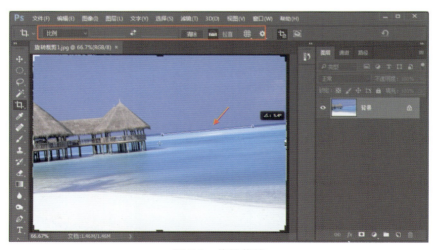

图 5.9　旋转裁剪

4. 透视裁剪

由于照相机与拍摄对象之间无法保持垂直正对的关系，所以拍摄出来的对象会有透视变形，通过透视裁剪功能，可予以校正。

（1）在工具箱中单击裁剪工具按钮不松手，在弹出的快捷菜单中选择透视裁剪工具。

（2）在画面中，沿着画面中的透视线条依次单击，形成四个控点，标示出了画面中透视变形的程度，如图 5.10 所示。

（3）按 Enter 键，确认裁剪。

图 5.10　透视裁剪

5.1.4　仿制图章工具

任务描述

我们的照片中经常会有一些瑕疵，例如，外出旅游，在旅游景点有很多人，在拍回来的大量照片中，很难找到一张背景中没有其他人或杂物的照片，这就需要后期修饰。如图 5.11 所示的照片，要求修掉背景中右侧的电线杆。

图 5.11　仿制图章工具原始照片

相关知识

1. 仿制图章工具的功能

仿制图章工具属于复制工具，常用于将图像的一部分复制到同一图像的另一部分；在同一图像不同图层之间复制图像；或将图像的一部分复制到另一个打开的文档中。

2. 仿制图章工具的使用方法

仿制图章工具的工作原理类似于生物技术克隆，在要复制的图像上取一个点，就可以从这一点开始复制整个图像。

（1）在工具箱中选择仿制图章工具，按住 Alt 键，单击定义要复制图像的起点，然后松开 Alt 键。

（2）在图像的任意位置拖动鼠标，即可将刚才定义的图像复制到该处，画面中会出现一个十字光标，用来指示所复制的原图像的位置。

3. 仿制图章工具的使用注意事项

使用仿制图章工具时，右击可以设置画笔的大小和硬度，也可以在英文输入法下按"["和"]"键调整画笔的大小。画笔的软硬决定了复制的图像边缘的柔和程度，如果画笔设置软一些，绘制时可以与原始图像有比较好的融合。

 任务实施

因为电线杆的背景是绿植，而且绿植的特征不明显，可以从其他位置复制绿植图像来覆盖电线杆所在的位置，从而达到移除的效果。

（1）在工具箱中选择仿制图章工具，从电线杆底部开始修饰。从旁边的地面与绿植交界点处，按住 Alt 键单击定义复制的起点，注意在复制原点和目标点之间要保持一定的距离，以保证有足够可用的像素。

（2）调整画笔的大小，在电线杆底部与地面交界处附近，涂抹复制像素，遮盖电线杆，注意对齐地面和背景中绿植的分界线。

（3）在修饰过程中，要不断重新定义新的复制图像的原点，以免复制的图像与原始图像高度相似，造成穿帮；同时每次画笔涂抹的距离不宜过长，否则也会造成穿帮。重复此操作直至修饰完成，如图 5.12 所示。

图 5.12　使用仿制图章工具修图后

5.1.5 污点修复画笔工具

任务描述

污点修复画笔工具是 Photoshop 中处理照片常用的工具之一，利用污点修复画笔工具可以快速移去照片中的污点和其他不理想部分。本任务要求去掉如图 5.13 所示的图片右下角嵌入的水印。

图 5.13 使用污点修复画笔工具去除水印

相关知识

污点修复在工具箱中有一组工具，包括污点修复画笔工具、修复画笔工具、修补工具、内容感知移动工具和红眼工具。

在使用污点修复画笔工具时，不需要定义原点，只需要在确定修复的图像位置，调整好画笔大小，涂抹需要修复的图像位置，就会自动匹配填充，非常智能。在背景中没有可分辨细节的时候，一般修复效果较好。所以在实际应用时比较实用，而且操作也简单。

修复画笔工具和修补工具可利用自定义样本点，修复时，会将取样像素的纹理和颜色与所修复的像素相匹配，从而达到自然的修复效果。

红眼工具可移去闪光灯造成的红色反光，只需要用工具在红眼位置单击即可。

任务实施

选择【污点修复画笔工具】命令，按鼠标左键在图片中右下角水印位置涂抹，松手之后，涂抹过的位置自动填充像素，从而达到修复的目的。

因为修复是智能填充，Photoshop 在背景中选取像素，经过重新计算，编织出新的像素填充在需要修复的区域。当背景没有可辨认细节的地方，修复效果一般较好，如果有可辨认细节，修复效果有可能不好，不如仿制图章工具可控性强。

5.2 图层与蒙版

图层和蒙版是 Photoshop 最具特色和最强大的功能，很多图像修饰和创意设计都是通过图层和蒙版完成的。

5.2.1 图层

任务描述

清晨读书是很好的一个画面，但被后面墙上的白色小广告破坏了。这一节，学习图层的操作，并利用图层来去除背景中的小广告，如图 5.14 所示。

相关知识

1. 图层的概念

在 Photoshop 中，图像都是由一个或多个图层组成，如图 5.15 所示。图层可以看作是一种没有厚度的、透明的电子画布，图层功能允许多张图片进行叠加放置并保存在一个文件中，图层的基本原理如图 5.16 所示。

图 5.14　利用图层去除小广告前

通过对图像分层放置，能够有效地把多张图片混合在一起，文本、图像可以在各自的图层上被添加、删除、移动和编辑而不会影响其他图层，甚至可以对图层设置样式。图层的操作都通过图层调板来进行。

图 5.15　Photoshop 中的图层

第 5 章　Photoshop 图像处理

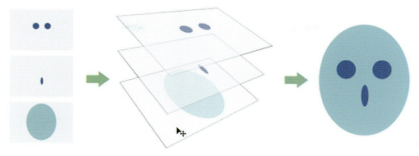

图 5.16　图层的基本原理

2. 图层的基本操作

1）显示 / 隐藏图层

当图层调板左端显示眼睛图标时，表示该图层可见。单击眼睛图标，可以隐藏该图层。

2）创建新图层

单击图层调板底端的【创建新图层】按钮，将创建一个新的空白图层。新创建的图层总是位于当前图层之上，并自动成为当前图层（即当前正在编辑的图层），在图层名称处双击可更改图层的名称。

3）移动图层

图像最终呈现的效果与图层的叠放顺序密切相关，相同的图层叠放顺序不同，显示的效果也不同。可以通过调整【图层】调板中图层的位置，来改变编辑窗口中图层的叠放顺序。在图层调板中，按鼠标左键拖动图层到合适位置松手即可。

4）选中当前图层

有了图层的概念后，每一个操作都是针对特定图层的操作，所以操作前先要选中图层，选中图层的方法有以下两种。

方法一：在图层调板中，单击相应的图层。

方法二：单击工具箱中的【移动】按钮，在工具选项栏中选中【通过单击可见像素自动选择组或图层】复选框，在画面中单击，就会自动选中鼠标下方画面对应的图层。

5）复制图层

复制图层的方法有很多这里列出两种。

方法一：直接拖动要复制的图层到【创建新图层】按钮上。

方法二：按 Ctrl+J 组合键即可复制当前图层；如果要在不同图像间复制图层，可以使用移动工具直接拖动该图层到另一图像中。

6）删除图层

不需要的图层可以删除。

方法一：选择需要删除的图层，单击图层调板中的【删除图层】按钮。

方法二：将图层拖放到删除按钮上。

方法三：单击 Delete 键。

7）合并图层

合并图层可以减少文件所占用的磁盘空间，提高处理速度，但合并后的图层不可以再拆开。在图层上右击，在弹出的图层控制菜单选择【向下合并】命令，将当前图层与下一图层（必须是显示状态）合并；选择【合并可见图层】命令合并图像中所有可见的图层，隐藏图层保持不变；选择【拼合图像】命令合并图像中所有的图层，并将结果存储在背景图层中。

3. Photoshop 文件格式

Photoshop 支持的格式非常多，应该根据应用场合选择合适的格式。Photoshop 处理图像时往往是分层的，如果以后还需要进一步在 Photoshop 中编辑该图像，应该保存为 Photoshop（*.PSD）格式；为了便于在网络上发布，或应用在其他软件中，可以保存为 JPG 格式，该格式不支持多图层，会自动将图层合并；如果需要保存为透明背景图像，可以保存为 PNG 格式，这也是一种通用的单图层格式，但是与 JPG 格式相比，会保留透明背景。

 任务实施

因为照片中的墙上基本上是相同的图案，可以复制画面中的部分墙体，遮盖住小广告部分，从而达到去除小广告的目的。

（1）在工具箱中，单击矩形选框工具，在小广告周边拖出一个矩形选框，选框大小要略大于广告的大小。竖直拖动选区到下方一片砖墙连续的区域。

（2）按 Ctrl+J（或按 Ctrl+C，Ctrl+V）组合键，复制选区为一个新的图层，在图层面板中出现了一个新的图层，内容为刚刚复制的墙体部分；

（3）在工具箱中单击移动工具。在图层调板中，选中新生成的图层，在画面中拖动图层，覆盖小广告，注意对齐砖缝，如图 5.17 所示。

（4）在图层上右击，在弹出的图层控制菜单中选择【拼合图像】命令，保存图像，修复完成。

图 5.17 利用图层去除小广告后

拓展

建立选区是在 Photoshop 中进行图像处理的重要步骤，简单介绍建立选区的基本技巧。

1. 利用选择工具改变选区

利用选择工具进行选择时，在一般情况下，第一次选择的范围不一定符合要求，这时需要利用选择工具的选取范围运算功能进行第二次甚至更多次的选取，如图 5.18 所示。

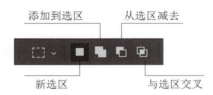

图 5.18 "选取范围"选项

（1）【新选区】：建立一个新的选区。

（2）【添加到选区】：在选择选区前，单击该按钮或按住 Shift 键，在已经建立的选区中加上新添加的选区。

（3）【从选区减去】：在选择选区前，单击该按钮或按住 Alt 键，在已经建立的选区中减去新建立的选区。

（4）【选区交叉】：从原有的选区中，减去与后来建立的选择范围不重叠的选择区域。

2. 结合【选择】菜单中的命令来改变选择范围

（1）【全部（Ctrl+A）】，选择当前层中的所有图像。

（2）【取消选择（Ctrl+D）】，取消所选择的范围。

（3）【重新选择（Shift+Ctrl+D）】，再现刚才使用过的选择范围。

（4）【反选（Shift+Ctrl+I）】，取消原来的选择范围，并使原本没被选择的部分变成选择的范围。

5.2.2 图层蒙版

任务描述

在处理图像时我们经常需要将两幅图像融合到一起，如图 5.19 所示，将冲浪运动员融入地球仪中去。图层蒙版是一个非常强大的融合图像的工具。

图 5.19 利用图层蒙版合成图像

相关知识

1. 图层蒙版的概念

蒙版附着于图层之上，用来决定图层不同部位的可见程度，蒙版以 8 位灰度图像的形式存储，其中黑色部分代表完全不透明，被遮照物完全不可见，白色部分代表完全透明，被遮照物可见，灰色部分代表半透明，越接近黑色，蒙版控制的图层的相应位置越透明。

图层中不可见的区域不受编辑操作的影响，起到遮蔽的作用。同时，图层蒙版修图是一种非破坏性的工作方式，不会改变原来图层的像素，删除或停用蒙版后，图像恢复原来的样子。

2. 图层蒙版编辑技巧

图层蒙版编辑的时候，可以使用所有的绘画和编辑工具对蒙版进行调整和修饰，最常用的是画笔工具。画笔只有黑、白、灰色，没有彩色。通常很少使用灰色画笔，而是通过调整画笔的不透明度和软硬，来使画面更好地融合。

当前工具为画笔时，在英文输入法状态下按 D 键，可以恢复默认的前景色为黑色，背景色为白色。按 X 交换前景色与背景色；按 Alt+Delete 组合键可填充前景色；按 Ctrl+Delete 组合键可填充背景色；按 Ctrl+I 组合键使画面反相；按数字键直接设置画笔的不透明度，如按 2，设置不透明度为 20%。

 任务实施

基本思路是利用图层来拼合图像，通过画笔修改蒙版，让照片更好地融合到背景中。

（1）在 Photoshop 中，同时打开两幅图像，将冲浪的人用移动工具拖曳到"地球仪"图片中。

（2）拖动冲浪的人图片到合适的位置，如果图片大小不合适，可以使用【编辑】|【自由变换】命令来调整图片大小。

（3）在图层面板中，单击【添加图层蒙版】按钮。

（4）选中工具箱中的画笔工具，前景色设置为黑色，将画笔设置为最软并设置合适的画笔大小，设置画笔的不透明度为 30%，单击图层蒙版。

（5）在画面中人物的周围涂抹，将人物的背景与地球仪融合到一起；如果不小心将人物透明了，可以更改前景色为白色，将擦掉的画面找回来，如图 5.20 所示。

图 5.20　利用图层蒙版合成图像示意

(6) 最后在图层上右击，在弹出的图层控制菜单中选择【拼合图像】命令。

5.2.3　图层自由变换

任务描述

我们在照大合影时，总有人在按下快门的瞬间，闭上眼睛，但是很多合影是不可重来的，这就需要我们在后期利用图层自由变换技术移花接木，让闭着的眼睛睁开如图 5.21 所示。

相关知识

自由变换指将对象做缩放、斜切、透视、扭曲等变形，这里的对象可以是选区，但更多情况下是针对图层操作。但是要注意，背景图层默认是锁定的，不能做自由变换，如果要变换必须单击背景图层右侧的按钮解锁。

选中对象，选择【编辑】|【自由变换】命令，对象四周出现控制框，这时在控制框上右击，弹出可以变换的快捷菜单，如图 5.22 所示，选择相应的命令，然后通过控点进行相应的变换。

图 5.21　利用图层自由变换移植眼睛　　　　图 5.22　自由变换快捷菜单

自由变换是 Photoshop 中比较常用的命令，配合快捷键，可以大大加快操作速度，提高工作效率。自由变换的快捷键是 Ctrl+T；单击控制框，按住 Shift 键拖动，可以保持等比例缩放；按住 Alt 键，缩放时保持中心点不变；按住 Ctrl 键拖动控点，可以自由变形。

任务实施

基本思路是可以找一张睁开眼的照片，将眼睛复制到闭着眼睛的照片中，通过移动和自由变换，将闭着的眼睛变为"睁开"。

(1) 同时打开一张闭着眼睛的照片和一张睁开眼睛的照片，选择【窗口】|【排列】|【全部竖直拼贴】命令，同时看到两张图片。

(2) 在睁眼的照片中，使用椭圆选框工具，在右眼上，拉出一个椭圆选框，比右眼略大，如图 5.23 所示。如果大小和位置不合适，可以按 Ctrl+D 组合键取消选区，重新框选。

(3) 使用移动工具，将眼睛拖动到闭眼的照片中右眼的位置。也可以通过复制粘贴的方法实现，这时，闭着眼睛的照片有了两个图层。

图 5.23 选中一只眼睛

（4）按 Ctrl+T 组合键出现控制框，同时按住 Alt 和 Shift 键拖动控点，等比例缩放，使眼睛大小与人脸相匹配。如果位置不合适，使用移动工具拖动改变眼睛的位置。如果有必要，可以将鼠标指针放在角点的外侧，变成双向的箭头时，进行旋转操作。调整好大小与位置后，双击控制框内部，确认这次变换。

（5）单击【添加蒙版】按钮，添加图层蒙版，选中画笔工具，将前景色设置为黑色，在选项栏中，将画笔的不透明度设置为 50% 左右，右击，设置画笔大小为 40 像素左右，硬度为 50%，（画笔大小也可以在英文输入法状态下，通过"["与"]"键来调整），使用画笔编辑蒙版，在画面中将眼睛四周的皮肤部分涂抹，将眼睛融入画面中，如图 5.24 所示。

（6）使用同样的方法，移植另一只眼睛。

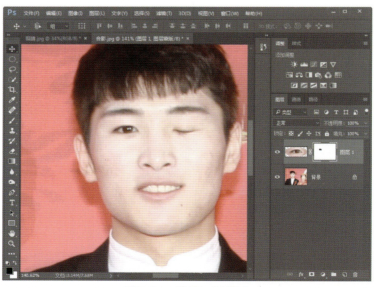

图 5.24 移植一只眼睛

（7）如果发现大小和位置不合适，可以再次通过自由变换进行调整。最后，按住 Ctrl 键依次单击，选中所有图层，按 Ctrl+E 组合键合并图层。

（8）按 Ctrl+S 组合键保存图像。

 拓展

也可以使用与本节类似的方法，将一个人的眼睛变大。

在照片中，选中一只眼睛后，按 Ctrl+J 组合键将所选眼睛新建一个图层，按 Ctrl+T 组合键进行缩放操作，后面的方法与本节类似不再赘述。

5.3 影调与色彩调整

调整照片的影调与色彩，可以说是图像处理最重要的工作，也是每个摄影师必做的工作。

5.3.1 三原色

 任务描述

为了能够在显示设备上显示丰富多彩的图像，通常使用三原色来表示颜色。学习图像处理就要理解三原色的原理，并会查看任何一个像素的颜色信息。

 相关知识

1. 原色

色彩中不能再分解的基本色称之为原色，原色可以合成其他的颜色，而其他的颜色却不能合成原色。

2. 光色三原色

光线会越加越亮，两两混合可以得到更亮的中间色，所以光色三原色是一种加色模型。将红（Red）、绿（Green）、蓝（Blue）三种色光以不同的比例相加，可以产生各种色光，所以将 RGB 定义为光色三原色。加色模型的原理广泛应用到自发光显示设备上，如电视和电脑。后面我们讲到在 Photoshop 中调色默认都是光色三原色，即 RGB。

3. 物色三原色

在打印、印刷、油漆、绘画等靠介质表面的反射被动发光的场合，物体所呈现的颜色是光源中被颜料吸收后所剩余的部分，其成色原理叫作减色模型。在减色模型中的三原色分别是青（Cyan）、品红（Magenta）和黄（Yellow）。

4. 位深度

位深度也称为像素深度或颜色深度，用来度量在图像中使用多少颜色信息来表示一个像素。较大的位深度（每像素信息的位数多）意味着数字图像具有较多的可用颜色和较精确的颜色表示。通常的彩色照片都是真彩色图像，即每个像素的 R、G、B 值分别用一个字节来表示，共 24 位二进制数来描述一种颜色，总共可以描述 16777216 种颜色。

 任务实施

在 Photoshop 中，查看图像的颜色信息。

（1）打开一张彩色照片。

（2）在【窗口】菜单中，调出【信息】面板，如图 5.25 所示。

图 5.25　查看像素颜色

（3）当鼠标指针在图像上滑过时，在【信息】面板中，就会实时显示鼠标指针下的颜色信息，即 RGB 值，每个分量的值都在 0~255 之间。

（4）在工具箱中，单击吸管工具，在图中单击，可以拾取单击位置的颜色为前景色。

5.3.2　看懂直方图

 任务描述

在很多场合都会用到直方图，如在照相机上，拍完照片后，就可以调出该照片的直方图查看，以对照片的曝光情况进行定性和定量的分析，如图 5.26 所示。我们要学会看懂直方图，并借助直方图分析和处理图像。

 相关知识

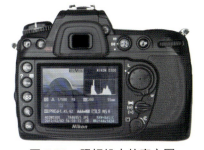

图 5.26　照相机中的直方图

1．直方图

直方图是数字图像处理中简单、有用的工具之一。它用图形表示图像的每个亮度级别的像素数量。直方图的横坐标是灰度级（通常左边代表最暗，右边代表最亮），纵坐标是该灰度级出现的频率，如图 5.27 所示，它是图像的最基本的统计特征。

2. 影调

对于摄影而言,影调指照片上所表现的明暗层次,即黑白灰的明暗等级;又指整个画面的调子,即光与影所造成的整幅画面的明暗总趋势。根据明暗不同,可以分为亮调、暗调、中间调。

3. 直方图与影调

直方图可以反映图像影调特征。亮调的图像直方图中像素主要分布在较亮的区域;暗调的图像像素主要分布在较暗区域;中间调图像,像素分布比较平均,如图 5.28 所示。

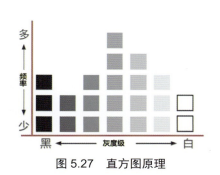

图 5.27 直方图原理

图 5.28 直方图与影调

4. 直方图与曝光

通过直方图也可以直观地判断照片的曝光情况,通常一张曝光良好的照片从最暗到最亮都有像素分布。如果通过直方图观察,像素集中在暗部区域,亮部区域没有像素,通常是曝光不足;相反,如果像素集中在亮部区域,暗部区域没有像素,通常是曝光过度。

 任务实施

在 Photoshop 中,查看图像的直方图。

(1)打开图 5.28 中的中间调图像。

(2)在【窗口】菜单中,调出【直方图】窗口。

(3)在【通道】选项卡中,初学者通常选择 RGB 通道,这样观察的是 RGB 总的直方图,也可以选择各颜色通道,观察各颜色亮度的分布情况。

(4)在面板右上角的下拉菜单中,也可以选择【紧凑视图】|【扩展视图】|【全部通道视图】命令。图 5.29 为扩展视图模式。

图 5.29 查看直方图

（5）从直方图可以看出，图像从最暗到最亮都有像素分布，且分布相对比较均匀，可以判断该图像曝光基本合适，是一个中间调图像，并且影调比较柔和。

5.3.3 色彩三要素

 任务描述

使用 Photoshop 中的色相饱和度命令，调整图像的色相和饱和度。

 相关知识

RGB 色彩模型是为了设备显示使用，但是并不符合人们对色彩的直观感受，为了满足人们对色彩的直观感受，方便调色，提出了色彩的三要素：色相、饱和度、明度。

1. 色相

色相指色彩的相貌，是区分色彩的主要依据，用名称来区别红、黄、绿、蓝等各种颜色。色相用 H 来表示，数值范围是 0~359。单击工具箱中的前景色图表，打开【拾色器（前景色）】对话框，通过拖动中间竖直滑块上的游标，可以改变颜色的色相，如图 5.30 所示。

2. 饱和度

饱和度指色彩的鲜浊程度，用 S 表示。颜色越纯，饱和度越高，最高为 100。混入了其他颜色后，饱和度降低。饱和度为 0 时，为不同程度的灰色。拾色器上的左侧方块为"色域"，在色域上水平移动，可以改变颜色的 S 值，即饱和度值。

图 5.30 【拾色器（前景色）】对话框

3. 明度

明度指色彩的明暗程度，也称深浅度，是表现色彩层次感的基础，用 B 来表示。在色域上竖直移动，可以改变颜色的 B 值，即明度值。

 任务实施

在 Photoshop 中，使用【色相/饱和度】命令，调整图像颜色。

（1）打开一张彩色照片。

（2）选择【图像】|【调整】|【色相/饱和度】命令，打开【色相/饱和度】对话框。

（3）分别调整【色相】、【饱和度】和【明度】，观察图像中色彩的变化效果，理解各属性的含义，窗口下端有两条色带，色带上的颜色是按色谱的顺序排列的，上面一条是指原图的色彩，而下面一条则是指调节后的色彩。当滑动【色相】滑块时，下面的色谱就会移动，上方色带中的颜色会被正下方色带中的颜色所替代，如图 5.31 所示。

图 5.31　色相饱和度命令

（4）按住 Alt 键，调板中的【取消】按钮变为【复位】按钮，单击【复位】按钮，调板参数恢复为初始值，图像也恢复为初始状态。

（5）单击【全图】右侧的下拉按钮，在下拉列表框中可以选择单个颜色，并可以在下端色带上通过移动滑块来设定颜色范围；设置好后，再来调整【色相】、【饱和度】、【明度】等参数，则只对设定好的颜色范围做色彩调整。当不确定颜色名称时，也可以使用面板左下角的小手工具，在画面上单击来拾取颜色。

（6）选中【着色】复选框，可以将图像变为单色图像，并可以对颜色进行调整。

5.3.4　曲线调整

任务描述

如图 5.32 所示，这是一张航拍照片，由于雾霾的原因，照片反差较弱，整体发灰。使用曲线调整命令，润饰图像，提高图像反差，改善图像偏色。

相关知识

虽然 Photoshop 提供了众多的色彩调整工具，但实际上最为基础也最为常用的是曲线调整命令，曲线调整命令功能强大，操作简便。

图 5.32　航拍发灰图像

1. 曲线调整原理

【曲线】对话框允许调整图像的整个色调范围，可以是 0~255 范围内的任意灰度级别，最大限度地控制图像的色调品质。

在如图 5.33 所示的直角坐标系中，横坐标是原来的亮度，纵坐标是调整后的亮度。在未作调整时，曲线是直线形的，而且是 45°的。曲线上任何一点的横坐标和纵坐标都相等，这意味着调整前的亮度和调整后的亮度一样，也就是没有调整。

在曲线上，选择一点，向下拖动，调板的左下角显示所选点的横坐标和纵坐标。图中，输入（横坐标，即调整前的亮度）是 174，输出（纵坐标，即调整后的亮度）是 160，

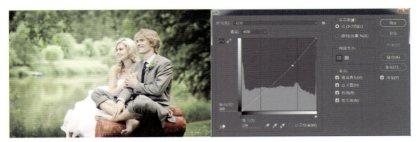

图 5.33 曲线调整

意味着把亮度由 174 提高到 160。由于曲线的连续性，不仅这个点降低了，整条曲线的点都降低了，也就是说整个画面的亮度都降低了。反之，曲线向上提，画面亮度提高。

2. S 型调整

如果在曲线上选择两点，一个点在曲线上半段，向上提；一个点在曲线的下半段，向下压。那么，曲线呈现"S"型形态，称 S 型调整。这种调整使画面中的亮部更亮，暗部更暗，能够增强画面对比度，能够在视觉上改善对比度较弱的图像。

3. 冷暖调的调整

默认情况下，调整中的通道选项是"RGB"。如果在通道中，选择不同的通道去调整，可以改变图像的色调倾向。暖调调整：R 通道曲线上提，B 通道下压，图像会加红减蓝，减蓝相当于加黄（蓝的补色）；冷调调整：R 通道曲线下压，B 通道上提，图像会减红加蓝，减红相当于加青（红的补色）。

 任务实施

（1）选择【图像】|【调整】|【曲线】命令，打开【曲线】对话框，如图 5.34 所示。

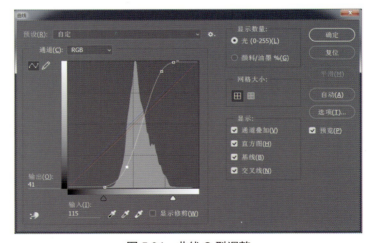

图 5.34 曲线 S 型调整

（2）通过画面中的直方图可以看出，照片亮部和暗部都没有像素分布，像素都集中在中间灰度区域，导致亮部不够亮，暗部不够暗，反差较弱，图像发灰。

（3）拖动横坐标上的黑、白两个游标向中间移动，移到直方图的山脚下，这样压暗了暗部区域，提亮了亮部区域，拓展了图像的亮度范围。

（4）给曲线上半段和下半段各加一个控制点，分别向上、向下拖动，做 S 型调整，进一步加大反差，提高图像的对比度。

图 5.35　曲线调整最终效果

（5）整体感觉图像偏暖，在 R 通道适当下压，B 通道适当上提，做一个减红加蓝的操作，将图像向冷的方向的调整，调整的量通过观察主观控制。

这样图像调整到位，加大了图像的反差，图像的偏色也得到了控制，看上去更加清晰，视觉效果得到了改善如图 5.35 所示。

5.3.5　Camera Raw 影调调整

Adobe Camera Raw（简称 ACR）是一款编辑 RAW 格式文件的图像处理工具，不仅可以处理 RAW 格式文件，还可以处理普通的 JPG 文件。Camera Raw 对于照片的处理功能非常强大，大部分调整都可以在其中一站式处理。

任务描述

ACR 将调整影调的工具集成在一个面板中，不仅可以调整整体图像的曝光，还可以根据照片中不同亮度的区域分别调整。本任务将使用 ACR 调整如图 5.36 所示的逆光照片，弥补主体曝光不足。

相关知识

1. RAW 格式文件

图 5.36　逆光照片

RAW 是单反数码照相机所生成的未经处理的原始格式照片，形象地称为"数字底片"。RAW 格式照片比 JPG 格式容纳了被拍摄景物更大的亮度范围，文件体积也更大，但是普通的显示设备只有将 RAW 格式转化成 JPG 格式之后，照片才能正常显示。将 RAW 格式照片转为 JPG 格式，可以在相机上设定，通过相机内部的处理器转格式，也可以后期在特定软件中转格式，如在 Photoshop 软件中。在后期软件中转格式，给照片带来了更多的可操控性。

照相机牌子和型号的不同，它们输出的 RAW 格式也不同。佳能相机 RAW 格式的扩展名为 *.crw，*.cr2；尼康相机 RAW 格式的扩展名为 *.nef。

2. Camera Raw

Adobe Camera Raw（简称 ACR）可以快速地处理 RAW 文件，并且能够处理不同数码相机所生成的不同 RAW 文件，在 Photoshop CC 之后，已经成为 Photoshop 的一个滤镜，可以方便调用。在这里我们主要讲解使用 ACR 处理 JPG 格式的图片，大部分调整都可以在 ACR 中一站式完成，而且效果非常出色。

3. 使用 ACR 调整影调

如图 5.37 所示，在 ACR 基本卡片右侧中间区域，为影调调整区域。根据亮度不同，将图像中的像素分为黑色、阴影、高光、白色四个不同区域，可以对图片中不同亮度的区域分别调整。

图 5.37　Camera Raw 基本调整

自动　单击【基本】选项卡的【色调】控件部分顶部的【自动】按钮时，ACR 将分析图像，并自动对影调控件进行调整；单击【默认值】按钮，恢复初始值。也可以通过按住 Shift 键并单击控件的游标，单独对每个控件应用自动设置；直接单击游标，可以恢复该控件的默认值。可以用自动设置，作为调整的影调的工作起点。

曝光　调整整体图像亮度，同时影响照片的暗调、中间调和亮调。相当于相机上的使用光圈来控制曝光量，调整 +1.00，类似于将光圈开大一档；调整 –1.00 类似于将光圈减小一档。调整曝光值，使照片的中间调看上去良好。

对比度 调整图像的明暗反差。增加对比度，明暗反差拉大，中间调会变得更通透，但是亮部和暗部的层次被压缩；减小对比度，明暗反差变小，图像往往会发灰。

高光 调整图像的亮部区域。对于图 5.37，受影响的是天空和水中的高光区域。向左拖动，天空变暗，云彩的层次变得更丰富；向右拖动可使天空变得更亮。

阴影 调整图像的暗部区域。对于图 5.37，受影响的主要是远山。向左拖动，使暗部变得更暗；向右拖动，可使暗部变亮并恢复部分阴影中的细节。

白色 调整画面中最亮的区域。向左拖动，可减少最亮区域的亮度；向右拖动，可增加最亮区域的亮度。调整时，注意观察 ACR 右上角的直方图，最亮区域位于直方图的右端，以直方图接近右端，并不被裁剪为基本原则。

黑色 调整画面中最暗的区域。向左拖动，可使更多的阴影转化为黑色；向右拖动，可增加最暗区域的亮度。调整时，注意观察 ACR 右上角的直方图，最暗区域位于直方图的左端，以直方图接近左端，并不被裁剪为基本原则。

 任务实施

对于图 5.36 所示的照片，由于想拍早晨的朝霞，对于建筑物来说是逆光拍摄，导致建筑曝光不足。如果单纯提高曝光值，会导致天空曝光过度而丢失层次，不可取。我们可以通过 ACR 根据亮度分区域进行调整。

（1）选择【滤镜】|【Camera Raw 滤镜】命令，打开【Camera Raw】对话框，多数情况下，可以通过单击【自动】按钮，获得一个不错的调整起点。但是为了增强对图像的理解，下面以完全自己调整为例说明。

（2）分析图像，我们调整的最终目标是亮部有层次，暗部有细节。通过右上角的直方图可以看出，图像已经跨越了从最亮到最暗的所有区域，所以曝光、黑色、白色基本不需要调整，需要调整的主要是天空（高光部分）、建筑（阴影部分）的层次。

（3）调整【高光】，观察对天空层次的影响，为了更好地表现早晨的氛围，可以适当降低高光值。

（4）调整【阴影】，观察对建筑物的影响，适当提高阴影值，恢复暗部的细节。如果提高到最大值仍然亮度不够，可以增加【曝光】。由于曝光影响了全图，包含了亮部区域，所以还需要微调【高光】进行修正，如图 5.38 所示。

（5）当暗部提亮时，会发现有很多噪点，需要降噪。噪点主要有两种，一种是该像素点与周围像素颜色一样但是亮度不同，称为明亮度噪点；一种是颜色变异，称为颜色噪点。在【细节】选项卡中，找到【减少杂色】标签，调整相应的游标，减少杂色。调整时注意观察画面，值如果过大，会降低画面的锐度，产生涂抹感，如图 5.39 所示。

（6）所有调整并没有唯一的标准，最终的目的是取悦人的眼睛。已经调整过的任何一个参数也都可以回头再次调整。满意之后，单击【确定】按钮，调整完毕。如果该照片使用单反相机拍成 RAW 格式，后期在 ACR 中调整，可以保留更多的细节，可调整余地更大。

图 5.38 基本调整后的逆光照片

图 5.39 逆光照片降噪

5.3.6 白平衡校正

任务描述

如图 5.40 所示,在美术馆展厅拍摄的照片,由于展厅灯光原因,照片偏蓝,导致身后的美术作品基调偏冷。本任务要求使用 ACR 修正照片的偏色。

图 5.40　偏色照片

相关知识

1. 固有色

色彩与光学和人的生理反应相关,是一个很复杂的问题。简单来说,不同的光源,含有的光谱成分是不同的,如早晨的阳光偏暖,含有的红光成分较多;日光灯偏冷,含有的蓝光成分较多。物体在不同光谱的光源下,反射光线的成分不同,形成的颜色也不一样。我们把正午日光称为标准光源,标准光源下物体的颜色,称为物体的固有色。

在不同颜色的光源下,物体反射的颜色与其固有色相比,会有一定的偏差。但是人眼具有独特的适应性,如在钨丝灯下待久了,并不会觉得钨丝灯下的白纸偏红,如果突然把钨丝灯改为日光灯照明,就会觉察到白纸的颜色偏红了。

2. 白平衡

所谓白平衡,就是让图像在不同的光源下,都能还原物体本身的颜色。最通俗的理解就是让白色所成的像依然为白色,如果将景物的"白"还原为照片中的"白",那其他景物的影像就会接近人眼的色彩视觉习惯。可以在拍摄时,在照相机上根据光源设置相机的白平衡;也可以在后期修图时,在软件中校正白平衡。

任务实施

在 Photoshop 中，打开图像。

（1）选择【滤镜】|【Camera Raw 滤镜】命令，打开【Camera Raw】对话框。

（2）按照常识判断，展厅的墙应该是白色，也就是说墙上的像素点固有色应该是 R、G、B 分量相等。使用颜色取样器工具，在图像中的白墙上单击，显示颜色信息是 R:208、G:222、B:242。根据数值可知，该像素点偏蓝偏青，由此可以判断全图偏蓝偏青。

（3）选择白平衡工具，在该点单击，该点的颜色信息变为 R:236、G:238、B:237，也就是说 RGB 值基本相等，此处不再偏色，在校正此处位置颜色的同时，全图的颜色得到了校正。此方法最关键的一点是找到图像中不应该有颜色偏向的一点。此时在 ACR 右侧【基本】区域的【白平衡】标签中，色温色调的值也发生了变化，其实使用白平衡工具与在这儿调整效果是一样的。

（4）虽然白平衡得到了校正，但是感觉背后的美术作品有些发白，层次不够丰富。由于作品的亮度范围主要处在高光区域，所以可以降低高光值拓展高光的层次。

（5）作品中的深色部分，颜色不够深，降低阴影值。

（6）适当提高清晰度，可以加大画面中的局部反差，看上去更加清楚。

（7）提高自然饱和度，可以在保护肤色的情况下，提高相对不够饱和的颜色的鲜艳度，美术作品的饱和度有所提高，如图 5.41 所示，全图调整完成。

图 5.41　偏色照片校正后

5.4 证件照的修饰

每个人都需要证件照，本节通过一些实际任务学习证件照的常用修饰方法。

5.4.1 去除眼袋

任务描述

如果年龄变大，或者休息不好，眼袋会比较重，显得人不够精神。本任务使用图层和仿制图章工具来控制眼袋的深浅，如图 5.42 所示。

图 5.42 眼袋减轻前后对比

相关知识

人的眼袋是正常的生理结构，修饰时，应以减淡为主，不宜完全去除。使用修复画笔工具和仿制图章工具都可以修复眼袋，相比而言，修复画笔工具简单直接；仿制图章更可控，效果更好。使用仿制图章工具修复时，需要注意，取样点要与目标点的纹理和颜色尽可能接近，并且要降低画笔的不透明度，这样修饰出来，才不露痕迹。

任务实施

在 Photoshop 中，打开图像。

（1）新建一个空白图层。

（2）选择仿制图章工具，在选项栏中，将不透明度设置为 15%，在右侧的下拉列表框中，选择【当前和下方图层】命令，如图 5.43 所示。在画面中右击，将画笔大小设置为与眼袋的高度相仿，这里设置为 25 像素，并将硬度设置为最软。这里将画笔不透明度降低，并将硬度变软都是为了修饰的图像更加柔和，隐藏修饰的痕迹。

图 5.43 设置仿制图章取样图层

（3）按住 Alt 键，在眼袋下方肤色较浅位置单击，对图章工具进行取样，然后在眼袋上沿着皮肤的纹理方向，进行涂抹（注意当前是在空白图层上），每涂抹一次，眼袋减轻一些，直至看不出眼袋。

（4）用同样的方法，修饰另外一只眼睛，注意需要重新取样。

（5）眼袋是人的正常生理结构，完全没有是不正常的，此时，我们可以调整修饰图层的不透明度，来控制眼袋的深浅如图 5.44 所示。

图 5.44　调节图层的不透明度

5.4.2　磨皮

任务描述

本任务要求修饰面部皮肤，去除皮肤中的瑕疵，使皮肤变得更加光洁，如图 5.45 所示。

相关知识

1. 磨皮

磨皮是人像修图中的一个专业术语，简单来说，就是借助软件消除人像皮肤瑕疵（如雀斑、青春痘、皱纹等）的摄影后期处理方法。磨皮能有效地改善皮肤的不完美，从而使得人物皮肤更细腻。

磨皮前　　　　磨皮后

图 5.45　面部磨皮前后对比

2. 外挂滤镜

滤镜是 Photoshop 中最神奇的魔法师，它简单易学，功能强大。滤镜可以分为内置滤镜和外挂滤镜。内置滤镜是 Photoshop 安装时自带的滤镜；外挂滤镜是第三方厂商为 Photoshop 所生产的滤镜，它们种类齐全、繁多而且功能强大，深受设计师们的青睐。

外挂滤镜常见的安装方式有两种，一种是运行安装程序安装；另一种是只要将滤镜复制到 Photoshop 的 Plug-ins 目录下就可以使用了。

3. Portraiture 滤镜

使用 Photoshop 磨皮，对操作人员的软件熟练程度要求很高，而且费时费力。Imagenomic 公司开发的人像磨皮滤镜 Portraiture，它可以根据颜色智能地选择皮肤区域，

第 5 章　Photoshop 图像处理

针对皮肤进行美化，而不会破坏眉毛、头发、眼睛等细节的锐度，而且还可以控制皮肤美化的程度，很好地保留该保留的细节。在使用该滤镜前，需要先安装该滤镜。

 任务实施

在 Photoshop 中，打开图像。

（1）选择工具箱中的污点修复画笔工具，通过单击和涂抹的方式，去掉脸上的痣和痘，以及脸上的小坑。如果是本人标志性的痣，则不要去。

（2）选择【滤镜】|【Imagenomic】|【Portraiture】命令，打开【Portraiture】滤镜窗口，这时滤镜已经对照片做了自动磨皮，显示在中间预览区域，如图 5.46 所示。使用鼠标在预览区域单击，可以查看磨皮前的效果。

图 5.46　Portraiture 磨皮滤镜

（3）也可以自己调整参数来控制磨皮。先来定义磨皮区域，在左侧【皮肤色调蒙版】区域单击吸管工具，在皮肤较暗区域单击，此时，吸管工具变为"吸管+"，在皮肤较亮区域单击，然后再次单击【吸管+】按钮，鼠标指针恢复为手形。这样，就选中了肤色区域，在右侧【蒙版预览】中可以看到被磨皮的区域。

（4）在左上角【细节平滑】区域，调节参数，可以控制磨皮的程度。"精细""中等"和"大"控制不同细节的纹理，如果需要保留皮肤细节，参数调小；如果需要平滑皮肤细节，参数调大。"阈值"控制肤色反差的平滑程度，参数大的时候，会平滑掉更多的肤色不一致。根据需要进行调整，一般来说，男性比女性需要保留更多的纹理。

（5）在左下角【增强】区域，锐度可以强化皮肤的纹理；柔和度可以使皮肤更加的柔和；温和与色调可以调整肤色；亮度可以调整皮肤的亮度；对比度控制皮肤的明暗反差。

（6）最后，单击右上角的【确定】按钮，磨皮完毕。

5.4.3 面部塑型

 任务描述

人人都希望自己更美,这离不开对脸型的修饰,通过修饰可以弥补一些细部结构的缺陷。本任务要求在不失真的前提下,将五官结构修饰得更加完美、精致,显出人物气质。

 相关知识

人脸识别液化是 Photoshop CC 2015.5 新增的一个重要功能,软件可以智能识别出眼睛、鼻子、嘴巴及其他脸部特征,用户可分别对各部分做相应的修改,如眼睛大小、间距、额头的阔窄、瘦脸、鼻高等,甚至还可以轻易地调出微笑的嘴,非常方便。

 任务实施

在 Photoshop 中,打开人像照片。

(1)选择【滤镜】|【液化】命令,打开【液化】窗口。

(2)在左侧工具箱中单击【脸部】按钮,在照片会自动识别出人脸,窗口右侧【人脸识别液化】菜单展开,显示【眼睛】、【鼻子】、【嘴唇】、【脸部形状】各调整项目,通过改变各选项参数,可以轻易操控脸部器官的位置和大小。

(3)当鼠标指针在照片面部区域划过时,可以看到与当前鼠标指针下的器官相应的控制点,通过拖动控制点也可以灵活地调整,比右侧调整参数更加方便、直接和更大的操控范围。

(4)调整妥当后,单击【确定】按钮,脸型调整完毕,如图 5.47 所示。

图 5.47　人脸识别液化

第 5 章　Photoshop 图像处理

> **拓展**
>
> 脸部识别液化使用起来很方便，但是操作时也要注意以下内容。
>
> 如果作为证件照使用，对于五官只可微调，通常控制在 10% 的幅度以内。否则会影响对本人的识别。如果作为漫画人物，则没有这个限制。
>
> 使用液化滤镜中的其他液化工具，也可以实现类似的功能，而且改变幅度可以更大，但是对于一般用户来说操作不便，有兴趣的读者可以自行尝试。
>
> 脸部识别液化有些操作是左右对称的，如眼睛的大小。如果只需要对一侧操作，可以保留一个原始图层，一个改变后的图层，通过图层蒙版控制显示区域的方式实现只对一侧的控制。

5.4.4　证件照拼版

任务描述

证件照是经常用的照片形式，现在很多办公室都有彩色打印机。本任务将 2 寸证件照拼版，并用 A4 照片打印纸打印输出。

相关知识

证件照即各种证件上用来证明身份的照片。证件照的要求是免冠（不戴帽子）正面照，照片上正常应该看到人的两耳轮廓和相当于男士喉结处的地方，背景色多为红、蓝、白三种。不同用途证件照的尺寸要求不同，多为 1 寸或 2 寸。

任务实施

这里以最常用的 2 寸毕业证照片为例拼版，照片尺寸为宽 33 毫米，高 48 毫米。关于证件照片的裁剪参照 5.1.3 节。

（1）选择【文件】|【新建】命令，打开【新建】对话框，在文档类型中选择【国际标准纸张】命令，参数如图 5.48 所示。

（2）使用移动工具将证件照片拖动到 A4 纸的左上方，因为纸张宽度为 210 毫米，单张照片宽度为 33 毫米，为了便于裁剪，每行放五张。按 4 次 Ctrl+J 组合键，复制出四张照片。现在总共五张照片，但是现在都重叠在一起，所以只能看到一张。

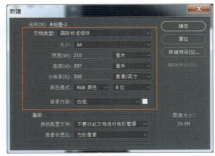

图 5.48　新建 A4 纸张

（3）水平拖动一张照片到右上角，在图层面板中，同时选中五张照片，单击选项栏中的【水平居中分布】按钮让照片分散开，如图 5.49 所示。

（4）同时选中五张照片，按 Ctrl+E 组合键合并图层。

（5）如果需要多行照片，可以用类似的方法，复制多层，将其中一层拖到页面底部，使用【垂直居中分布】命令，如图 5.50 所示。

（6）同时选中所有图层，按 Ctrl+E 组合键，合并图层，就可以打印输出了。

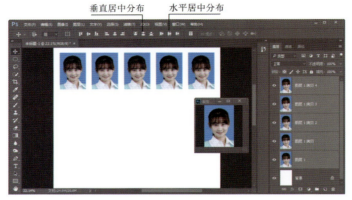

图 5.49　水平居中分布

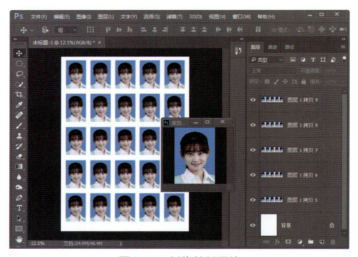

图 5.50　制作整版照片

5.4.5　更换背景色

 任务描述

人们需要的证件照类型很多，它们对背景底色的要求各不相同，有红底、蓝底和白底等。当手头上的照片背景颜色不符合规定时，可以用 Photoshop 软件进行处理。本任务要求将证件照蓝色背景改为红色背景，如图 5.51 所示。

 相关知识

常见的证件照背景色有以下三种。

白色背景：用于护照、签证、驾驶证、身份证、医保卡、港澳通行证等。

蓝色背景：用于毕业证、工作证、简历等 (蓝色数值为 R：0，G：191，B：243)。

红色背景：用于保险、IC 卡、暂住证、结婚照等 (红色数值为 R：255，G：0，B：0)。

图 5.51　将证件照蓝底换为红底

 任务实施

基本思路是将头像从原照片中抠像出来，再建一个红色的背景层，最后合并图层。

（1）打开蓝底照片，单击图层面板下方的【创建新图层】按钮，新建一个空白图层。

（2）在工具箱中，单击前景色图标，设置前景色为红色（R=255，G=0，B=0）。

图 5.52　将红色图层置于证件照的下方

（3）选中新建的空白图层，按 Alt+Delete 组合键填充前景色为红色。

（4）单击证件照图层中的解锁按钮，将图层解锁，将该图层拖动到红色图层上方，如图 5.52 所示。

（5）因为证件照背景颜色比较单纯，可以先选中证件照的蓝色背景。在工具箱中选中魔棒工具，单击背景，如果未能将背景全部选中，按住 Shift 键在未选中处继续单击，直至蓝色背景全部被选中。

（6）选择【选择】|【反选】命令，或者按 Ctrl+Shift+I 组合键将头像选中。

（7）虽然头像被选中，但是这时边缘选的并不干净，需要处理。在工具选项栏中，单击【选择并遮住】按钮。

（8）在右侧【视图模式】中选择图层模式，这时预览窗口显示的就是抠像后的结果，已经显示出了下一层的红色。这时可以看出边缘并不干净，如图 5.53 所示。

（9）在边缘检测中，将半径调整为 2 像素，这时脸和衣服边缘的蓝色已去除，但是头发边缘的蓝色没有去干净。

（10）在左侧工具箱中单击调整边缘画笔工具，在边缘还有蓝色背景的头发边缘涂抹，这时边缘的蓝色背景被去除。

（11）头发边缘还残留原来背景反射到头发上的蓝色，在面板右下方【输出设置】中，选中【净化颜色】复选框，头发边缘反射的蓝色被去除，如图 5.54 所示。

（12）在【输出到】选项中选择【新建图层】命令，单击【确定】按钮。

（13）抠像完成后，如图 5.55 所示。删除原照片图层，然后将抠像图层与红色背景图层合并，更换背景完成。

图 5.53 视图模式中选中图层模式

图 5.54 修整抠像边缘

图 5-55 抠像完毕

第 6 章 网络应用与信息检索

计算机网络在当今社会和经济发展中起着非常重要的作用，网络已经渗透到人们生活的各个角落，影响着人们的工作、生活和娱乐。通过本章的学习，要求熟练掌握办公和家庭无线网络的搭建方法；能够使用浏览器浏览网站和进行百度搜索；能够熟练地进行电子邮件的收发。

6.1 搭建无线局域网

现在很多办公室和家庭不光有台式计算机，还有笔记本电脑、平板电脑、智能手机等，这些设备都需要上网。所以办公和家庭也完全有必要组建局域网，鉴于智能手机和平板电脑都需要无线上网，所以目前办公和家庭最适合的还是无线局域网。

在某公司有线网络的基础上，使用无线路由器和笔记本电脑搭建无线网络，实现笔记本电脑和手机设备通过无线局域网连接到 Internet。

6.1.1 连接无线路由器

任务描述

在公司有线网络的基础上，将无线路由器与原有网络物理连接。

相关知识

1. 无线局域网

无线局域网以无线路由器为中心，其他计算机或智能终端通过连接到该无线路由器从而连接互联网。该组网方式具有安装方便、扩充性强、故障易排除等特点。

2. 无线宽带路由器

无线宽带路由器是指能共享上网并提供自动拨号的网络设备。可以将外网直接连接到无线宽带路由器上，其他计算机和智能终端通过无线连接到该路由器共享上网，而且只要网络中有计算机开机，路由器即自动拨号联网，网络中的计算机无须拨号。

 任务实施

下面以 TP-Link 和 TL-WR886N 为例说明无线路由器的连接与配置过程，如图 6.1 所示。

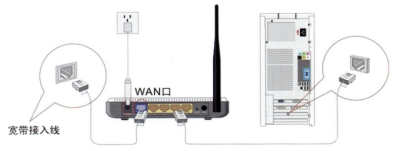

图 6.1　设备互联

（1）使用网线将无线路由器的 WAN 口连接宽带接入线网口。
（2）使用网线将无线路由器的 LAN 口连接内网内的计算机。

 拓展

路由器有两类网口即 LAN 口和 WAN 口。图 6.1 中的黄色网口为 LAN 口，LAN 是 Local Area Network 的缩写，即局域网；WAN 是 Wide Area Network 的缩写，即广域网。在这里，WAN 可以理解为外网，LAN 可以理解为内网，路由器是连接外网和内网的一个桥梁。

6.1.2　登录无线路由器

 任务描述

计算机与路由器物理连接后，登录无线路由器，并进行设置。

 相关知识

不同品牌的路由器在出厂时预设不同的 IP 地址，具体地址查阅产品说明书。TP-Link 无线路由器的预设地址是 192.168.1.1，初始登录用户名和密码均为 admin；D-Link 无线路由器的预设地址是 192.168.0.1，初始登录用户名和密码均为 admin。

 任务实施

（1）使用计算机，打开一个 IE 浏览器的窗口，在地址栏上输入 http://192.168.1.1，然后按 Enter 键，在打开的页面中输入管理员账号和密码（分别是 admin,admin），单击【确认】按钮，即可进入配置界面，如图 6.2 所示。

第 6 章 网络应用与信息检索

（2）【网络参数】|【WAN 口设置】页面的 WAN 口连接类型：学校、中小型企业一般采用静态 IP；家庭用户通常是 PPPoE（ADSL 虚拟拨号）接入方式；设置路由器外网 IP 地址、子网掩码、网关、DNS 服务器地址，具体数值询问上级网络管理员，如图 6.3 所示。

（3）【网络参数】|【LAN 口设置】页面：设置路由器内网的 IP 地址，通常为默认值即可，如图 6.4 所示。

图 6.2　登录无线路由器

图 6.3　WAN 口设置

图 6.4　LAN 口设置

（4）【无线网络】|【基本设置】页面的 SSID 号是自己无线网络的名字，此名字显示在待搜索的网络中；开启无线功能指必须开启无线功能，否则路由器不提供无线功能；开启 SSID 广播指如果不想让自己的无线网络被别人通过 SSID 名称搜索到，那么最好禁止 SSID 功能，这样你的无线网络仍然可以使用，只是别人搜索不到，如图 6.5 所示。

（5）【无线设置】|【无线网络安全设置】页面：设置无线路由器的访问密码即 PSK 密码，如图 6.6 所示。

（6）DHCP 服务器设置：通过 DHCP 服务器可以自动给无线局域网中的所有设备自动分配 IP 地址，这样就不需要手动设置 IP 地址，避免出现 IP 地址冲突，同时满足无线设备的任意接入。在路由器管理界面的左侧窗口中选择【DHCP 服务器】的【DHCP 服务】项，在右侧窗口中启用 DHCP 服务。DNS 服务器需询问上级网络管理员。单击【保存】按钮完成设置，如图 6.7 所示。

图 6.5　无线网络基本设置

图 6.6　无线网络基本设置

图 6.7　DHCP 服务设置

153

6.1.3 通过无线路由器实现无线上网

 任务描述

正确配置无线路由器的各项参数设置后，网络中的各种无线设备通过连接无线路由，实现 Internet 访问。

 相关知识

网络中的设备要正确登录到互联网，必须正确设置四个地址：IP 地址、子网掩码、默认网关和首选 DNS 服务。而正确获得这四个地址有两种方式：1. 自动获取，即动态地址。2. 手动添加，即静态固定地址。因为不容易正确设置这四个地址，所以连接到路由器的设备最好采用自动获取 IP 和 DNS 地址的这种方式。

任务实施

（1）首先检查台式机和笔记本是否安装无线网卡，如果没有需要先安装无线网卡和无线网卡驱动程序。

（2）单击任务栏通知区域的【无线网络】图标，选择【打开网络和共享中心】命令，打开【网络和共享中心】窗口，在打开的【网络和共享中心】窗口中，选择【无线网络连接】命令，打开【无线网络连接属性】对话框，在打开的【无线网络连接属性】对话框中选择【Internet 协议版本 4】|【属性】命令，然后在打开的【Internet 协议版本 4（TCP/IPv4）属性】对话框中，选中【自动获得 IP 地址】和【自动获得 DNS 服务器地址】单选按钮，如图 6.8 所示，单击【确定】按钮。

图 6.8　无线笔记本设置

（3）安装有无线网卡的计算机会自动搜索无线信号，选择刚才建立的无线网络名字，单击【连接】按钮，输入密码后，此无线设备即可通过无线网络连接到 Internet 网络。

6.2　网络信息检索

面对互联网如此海量、异构的信息，用户想要在里面寻找有用的信息，必然会"大海捞针"无功而返。搜索引擎正是为了解决这个"迷航"问题而出现的技术。搜索引擎以一定的策略在互联网中搜集、发现信息，对信息进行理解、提取、组织和处理，并为用户提供检索服务，从而起到信息导航的目的。

6.2.1 百度基本搜索

百度搜索使用了高性能的"网络蜘蛛"程序(Spider),自动在互联网中搜索信息,可定制高扩展性的调度算法使得搜索器能在极短的时间内收集到最大数量的互联网信息。百度搜索引擎目前已经拥有世界上最大的中文信息库。

 任务描述

我们在使用网络搜索工具进行搜索时,已经不是担心找不到所要的资料,而是在面对海量的信息时,如何能高效准确地筛选出所需的信息。而这是需要我们不断学习并应用搜索技巧以及通过积累实际经验来逐步提高的。本节学习如何使用百度搜索技术来实现在网络中搜索我们需要的资料。

 相关知识

关键词是用户输入搜索框中的文字,也就是用户希望百度查找的内容主题词。关键词可以是任何中文、英文、数字或中英文数字的混合体。

 任务实施

使用基本搜索技术中的基本搜索、图片搜索、音乐搜索、文库搜索和多词语精确搜索结合关键词完成相关内容的信息搜索。

1)网页搜索

在百度搜索框中输入要查询的关键词内容后单击【百度一下】按钮,即可得到相关资料,如图6.9所示。输入多个关键词搜索(不同字词之间用一个空格隔开),可以获得更精确的搜索结果。

图6.9 百度基本搜索

2)图片搜索

选择百度搜索栏目中的【图片】命令,然后输入想要搜索的图片关键词,即可以搜索到对应的图片,如图6.10所示。在百度图片对话框右边可以看到一个相机图标,单击它可以粘贴图片网址或者上传图片,如图6.11所示,实现以图找图的功能。

3)音乐搜索

在【音乐】选项卡的搜索框中输入歌名或歌手或歌词片断,百度就可以帮你找出所需的

图6.10 百度图片搜索1

图6.11 百度图片搜索2

图 6.12　百度音乐搜索

图 6.13　百度文库搜索

音乐，可以在线试听、查看歌词或是直接下载。在下载歌曲时注意先看一下条目中所列歌曲格式（如 mp3）和文件大小（文件太小的 mp3 音乐质量较差，最好选择 3MB 以上的歌曲文件）是否符合需要，如图 6.12 所示。

4）百度文库搜索

百度文库是在线互动式文档分享平台，百度文库资源非常丰富。在这里，用户可以和千万网友分享自己手中的文档，也可以全文阅读其他用户的文档，同时，也可以利用分享文档获取的积分下载文档。在百度搜索页面的【文库】选项卡的搜索框中输入要查找的内容，百度文库就可以搜索出很多文章，这些文章有些是支持免费下载的，有些不支持免费下载，如图 6.13 所示。

6.2.2　百度高级搜索技巧

 任务描述

很多时候我们对我们运用基本搜索搜索出来的结果并不是很满意，运用百度高级搜索会使我们的搜索更加精确。本节学习如何使用高级搜索技巧来实现在网络中精确搜索。

 相关知识

高级搜索技术包含以下搜索技巧。

（1）和搜索："关键词 1"+"空格"+"关键词 2"。

（2）或搜索："关键词 1"+"｜"+"关键词 2"。

（3）不含某个词搜索："关键词 1"+"空格"+"－不想包含的关键词 2"。

（4）关键词不拆分搜索：在关键词外加双引号""。

（5）指定某种格式的材料搜索："关键词"+"空格"+"filetype:"+文件格式。

（6）在标题中搜索："intitle:"+"关键词"。

（7）在指定网站搜索："关键词"+"空格"+"site:"（英文半角:）+"网址"。

 任务实施

通过运用高级搜索中的不同搜索技巧，搜索相同的内容，如搜索老师和学生的不同组合，会得到不同的搜索结果。

1）和搜索

输入多个词语搜索（不同字词之间用一个空格隔开），可以获得更精确的搜索结果。如搜索既包含"老师"又包含"学生"的内容，那就在搜索框中输入"老师 学生"，那么搜索出来的结果既有老师又有学生。搜索到的相关结果约为 79300000 个，如图 6.14 所示。

2）或搜索

输入多个词语搜索（不同字词之间用一个"｜"隔开），可以获得或者包含多个词语的更精确的搜索结果。如要搜索包含"老师"或者包含"学生"的内容，那可在搜索框中输入"老师｜学生"，那么搜索出来的结果或者包含老师或者包含学生。搜索到的相关结果约为 81000000 个，显然，结果比和搜索要多，如图 6.15 所示。

图 6.14　和搜索　　　　　　　　　图 6.15　或搜索

3）不含某个词搜索

如要搜索包含"老师"而不包含"学生"的结果，那就在搜索框中输入"老师－学生"，可以看到搜索结果中不包含"学生"，如图 6.16 所示。

4）关键词不拆分搜索

如要搜索包含"老师学生"这个完整关键词的结果，那就在搜索框中输入"老师学生"，注意加双引号，如图 6.17 所示。

图 6.16　不含某个词搜索　　　　　　图 6.17　关键词不拆分搜索

5）指定某种格式的材料搜索

如要搜索包含老师的 PPT 文档，那就在百度搜索框中输入"老师 filetype:ppt"，如图 6.18 所示。

6）在标题中搜索

如要在搜索结果所有的标题中都包含"老师"这个关键词，那就在百度搜索框中输入"intitle: 老师"。如果有两个及以上关键词，那就是"allintitle:"+"关键词 1"+"空格"+"关键词 2"，如图 6.19 所示。

7）在指定网站搜索

如要在百度经验网址里面搜索包含"老师"的结果，那就在百度搜索框中输入"老师 site:jingyan.baidu.com"，如图 6.20 所示。

图 6.18　指定某个格式的材料搜索

图 6.19　在标题中搜索

图 6.20　在指定网站搜索

6.3　使用 Outlook 收发电子邮件

电子邮件是 Internet 使用最多的功能，用户可以通过收发电子邮件，与 Internet 上的任何人进行联系，也可以通过电子邮件传送各种类型的文件。收发电子邮件有两种方式：一是通过登录邮箱网站的浏览器，二是使用专用的客户端收发邮件。能够收发电子邮件的客户端有多种，如 Foxmail、Outlook 等。本节以网易 163 邮箱为例说明如何以 Outlook 客户端收发电子邮件。

6.3.1　Outlook 的配置

 任务描述

如果采用客户端软件的方法进行邮件的收发，必须先提前在客户端对用户的邮箱进行正确配置，配置正确后才能使用软件来进行邮件的收发。

 相关知识

Office Outlook 是 Microsoft Office 套装软件的组件之一，它对 Windows 自带的 Outlook express 的功能进行了扩充。Outlook 的功能有很多，可以用它来收发电子邮件、管理联系人信息、记日记、安排日程、分配任务。

 任务实施

（1）启动 Outlook，将 Outlook 设置为连接到电子邮件账户，单击【下一步】按钮。

（2）在打开的【添加用户】对话框中输入自己的姓名、电子邮件地址和邮箱密码，如图 6.21 所示。

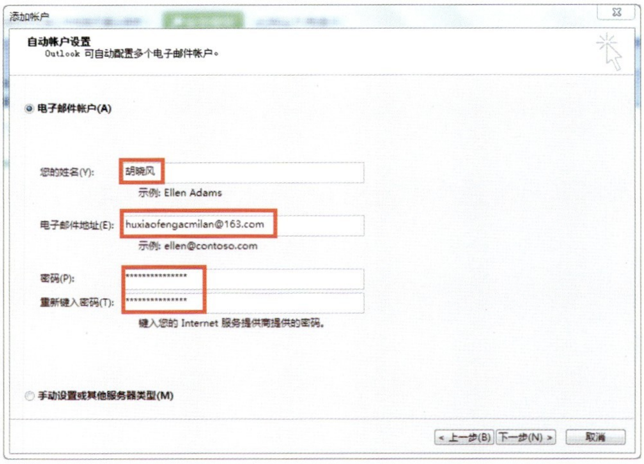

图 6.21　配置 Outlook

（3）单击【下一步】按钮，等待系统配置完成，邮件配置成功。

6.3.2　接收邮件

任务描述

配置成功后，使用 Outlook 接收邮件。

相关知识

电子邮件的概念

电子邮件（Electronic Mail），简称 E-Mail，标志为 @，也被用户昵称为"伊妹儿"，又称为电子信箱，它是一种用电子手段提供信息交换的通信方式，是 Internet 应用最广泛的服务。

通过网络的电子邮件系统，用户可以用非常快速的方式，与世界上任何一个角落的网络用户进行邮件联系，邮件可以包含文字、图像、声音等各种方式。由于电子邮件的使用简易、投递迅速、收费低廉、易于保存、全球畅通无阻，使得电子邮件被广泛应用，使人们的交流方式得到了较大改变。

任务实施

（1）单击工具栏上的【发送/接收所有文件夹】按钮，如图 6.22 所示。其实，每次启动 Outlook 时，Outlook 都会自动帮助用户接收邮件。在窗口左边的【收件箱】超链接旁边标出蓝色的数字，告诉用户收到的新邮件数目。

（2）选择【收件箱】命令，在窗口右边就可以看到信箱里的邮件了，刚收到的邮件的标题都以粗体显示，标示出这封邮件还没有阅读，如图 6.22 所示。单击要阅读的邮件，在下面的邮件预览窗口中就可以看到这封邮件的内容了。

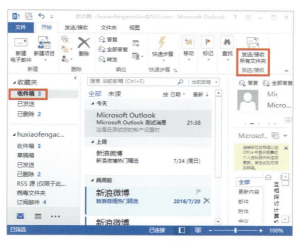

图 6.22　收件箱窗口

6.3.3 发送邮件

 任务描述

使用 Outlook 发送、回复和转发邮件。

 相关知识

电子邮箱和地址

电子邮箱的格式是 user@server.com，这个格式由三部分组成。第一部分 user 代表用户信箱的账号，即用户名，对于同一个提供邮箱的网站来说，这个账号必须是唯一的；第二部分 @ 符号是分割符；第三部分 server.com 是用户电子邮箱的邮件服务器域名地址，用以标志邮件服务器的名称。

例如：abc@163.com，其中，abc 表示 163 网站上的用户名，必须唯一，163.com 表示 163 网站的邮件服务器名称。

 任务实施

（1）打开 Outlook，单击工具栏中的【新建电子邮件】按钮，如图 6.23 所示。

（2）打开新邮件窗口，在【收件人】文本框中填写收件人的电子邮件地址；【抄送】文本框是在邮件同时发给多个人时使用的，抄送人收到邮件后可以看到其他收件人的 E-mail 地址；【主题】文本框中填写这封邮件的大意；邮件的正文就写在下面的空白处。

（3）如果写邮件还要插入附件，则选择【附加】命令，在打开的【插入文件】对话框中选择要插入的附件，单击【插入】按钮。

（4）最后，单击【发送】按钮，邮件发送成功，如图 6.24 所示。

（5）如果要回复或转发邮件，单击开始选项卡中的【答复】或【转发】按钮，即可进行邮件的回复和转发，如图 6.25 所示。后续具体步骤较为简单，与前面的发送邮件过程基本一致，这里不再赘述。

图 6.23　新建电子邮件

第 6 章　网络应用与信息检索

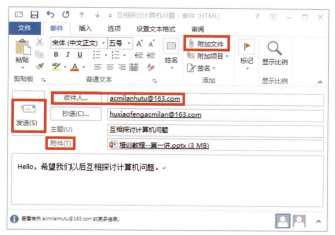

图 6.24　新邮件窗口

图 6.25　回复与转发电子邮件

6.3.4　创建和使用通讯簿

任务描述

当需要来往联系的邮件账号很多时，使用通讯录来管理联系人，便于进行管理来往邮件账号。

相关知识

常用邮件术语

在使用邮箱收发电子邮件的过程中，需要用到以下常用术语。有通讯簿，可以作方便地从通讯簿中选取联系人。

（1）收件人：邮件的接收者，也就是收信人。

（2）发件人：邮件的发送人，也就是用户自己。

（3）抄送人：用户给收件人发出邮件的同时把该邮件抄送给另外的人，在这种抄送方式中，收会人知道发件人把该邮件抄送给了哪些人，选择抄送人和密送人同理，然后就可以写内容发送邮件了。

（4）暗送人：用户给收件人发出邮件的同时把该邮件暗中发送给另外的人，在这种发送方式中，所有的收件人都不会知道发件人把该邮件发送了哪些人。

161

任务实施

（1）单击工具栏中的【通讯簿】按钮，打开【通讯簿】窗口，选择【文件】|【添加新地址】|【新建联系人】菜单命令，在打开的【未命名 - 联系人】对话框中，输入联系人的各项相关信息，然后单击【保存并关闭】按钮，如图 6.26 和图 6.27 所示。

（2）建立完通讯簿之后，在写信时单击【创建邮件】按钮，在打开的新邮件窗口中，单击【收件人】按钮，打开【选择收件人】对话框，在打开的【选择联系人】对话框中选择收件人双击，收件人的邮箱地址就会自动填充到收件人地址栏中了，如图 6.28 所示。

图 6.26　创建通讯录（1）

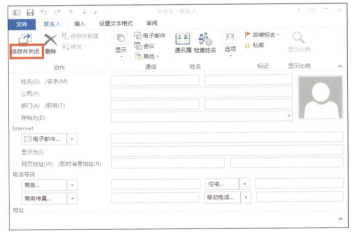

图 6.27　创建通讯录（2）

图 6.28　使用通讯录发送邮件